# 일 잘하는 사람은
# 가설부터 잘 세웁니다

Original Japanese title: KEKKYOKU, KASETSU DE KIMARU
Copyright © Yoshiki Kashiwagi 2023
Original Japanese edition published by Nippon Jitsugyo Publishing Co., Ltd.
Korean translation rights arranged with Nippon Jitsugyo Publishing Co., Ltd.
through The English Agency(Japan) Ltd. and EricYang Agency, Inc

# 일 잘하는 사람은
# 가설부터 잘 세웁니다

초판 1쇄 인쇄 | 2024년 7월 5일
초판 1쇄 발행 | 2024년 7월 10일

지은이 | 카시와기 요시키
옮긴이 | 박찬
발행인 | 안유석
책임편집 | 고병찬
교정교열 | 하나래
디자이너 | 권수정
펴낸곳 | 처음북스
출판등록 | 2011년 1월 12일 제2011-000009호
주소 | 서울 강남구 강남대로 374 스파크플러스 강남 6호점 B229호
전화 | 070-7018-8812
팩스 | 02-6280-3032
이메일 | cheombooks@cheom.net
홈페이지 | www.cheombooks.net
인스타그램 | @cheombooks
페이스북 | www.facebook.com/cheombooks
ISBN | 979-11-7022-281-1  03320

# 일 잘하는 사람은 가설부터 잘 세웁니다

**카시와기 요시키** 지음 | 박찬 옮김

처음북스

들어가기

# 어째서 다양한 방법론을 활용하지 못할까?

# 데이터 분석법을
# 중요하게 생각하지 않는 이유

## 많은 사람들은 얼렁뚱땅 가설을 세운다

이 책을 집어 든 사람들 대부분은 '어떻게 하면 더 좋은 가설을 세울 수 있을까'라는 고민을 하고 있을 겁니다. 예전부터 가설의 중요성에 대해서는 자주 들었지만, 도대체 가설을 어떻게 세우는지에 대한 중요한 사항는 확인하지 않은 채, 머릿속에 대충 떠오른 아이디어만으로 가설을 세우게 된다면, '정말 이걸로 괜찮을까'라며 찜찜한 상태로 시간만 흘러가는 경험을 한 적이 있지 않나요.

만약 '이건 내 이야기인데?'라고 생각한 분들은 이제 안심하셔도 됩니다. 이러한 고민은 당신만 하는 것이 아닙니다. 사실, 정말 많은 사람들이 찜찜한 채로 발만 동동 구르고 있다고 생각하서도 됩니다.

　지금부터 제가 그렇게 생각하게 된 배경을 설명하겠습니다. 저는 대학을 졸업한 뒤, 히타치제작소日立製作所와 닛산자동차日産自動車에서 월급쟁이로 20년 가까이 일했습니다. 큰 조직에서 프로젝트와 실무를 하며, 경영, 영업, 마케팅과 생산 등 다양한 실무 의사 결정, 문제 해결과 기획 제안에도 관여하였습니다. 원래 이공계 출신이라 수학과 물리를 매우 좋아했기 때문에 이러한 문제 해결이나 기획 제안에는 항상 숫자(데이터)를 무기 삼아 달려들었습니다.

　현장의 업무 개선부터 경영진 레벨의 의사 결정에 이르기까지, 과제의 수준이나 내용에 따라 차이는 있지만, 최종적으로 승인을 받거나, 공감 또는 납득하는 제안과 반려되는 제안에는 어떤 차이가 있을지, 그리고 어떻게 하면 보다 설득력 있고, 최종적으로 더 큰 성과를 만드는 기획을 제안할 수 있을지 고민했습니다. 저는 실무를 통해 모든 비즈니스 현장에서 일관되게 이러한 목표를 찾기 위하여 노력했습니다.

　약 20년 동안 이러한 경험과 실적을 바탕으로 2014년에 독립한 뒤 지금에 이르기까지, 다양한 기업이나 지방 자치 단체와 같은 클라이언트에게 데이터라는 무기를 가지고 문제를 해결하는 능력의 향상을 목표로 인재 육성을 돕고 있습니다.

　이처럼 저의 실무 경험, 그리고 독립한 뒤의 클라이언트에 대한 서포트 경험에서 발견한 중요한 사항이 있습니다.

## 방법론만으로 아웃풋의 품질을 높일 수 없다

세상에는 데이터 분석이나 통계학, 그 밖에도 다양한 문제 해결 방법론이나 도구 등이 있습니다. 이러한 것들 하나하나는 물론 유용하겠지만, 중요한 점은 **방법론의 종류를 늘리거나, 특정한 방법의 스킬을 올리는 것만으로는 더 높은 퀄리티의 아웃풋(결과물)을 보장할 수 없다**는 점입니다.

여기서 말하는 높은 퀄리티란, 분석 결과의 정확성이 높거나 계산 실수가 없다는 것이 아닌, 결과물이 가져다줄 효과(성과)와 효율 따위가 좋다는 것을 의미합니다.

높은 퀄리티의 결과물이란, 경영자는 물론, 현장의 많은 실무자들이 언제나 목표로 하는 것입니다. 저도 실무를 할 때는 항상 목표를 의식하면서 클라이언트를 서포트하고 있습니다.

[그림 들어가기-1] 높은 퀄리티란?

한편, 자신의 목표인 퍼포먼스와 개선 효과를 높이기 위해서, 더 정확도 높은 분석 결과를 얻기 위해서, 이런저런 방법론의 업그레이드에 집착하는 사람들도 적지 않습니다. 하지만, 방법론을 업그레이드한다고 하더라도 결국 '노력해도 딱히 실력이 향상된다는 느낌이 들지 않는' 상태가 되기도 합니다. 여러분이 이런 상황을 겪었거나 또는 주변에서 이런 상황에 부닥친 사람은 없나요?

제가 제공하는 프로그램은 강의와 일반적인 사례를 활용하는 강연 및 연습으로 구성되며, 이른바 단순히 이해만을 위한 연수가 아닌, 연수를 받고 이해한 내용을 자발적으로 업무에서 활용할 수 있도록 실천하고, 나아가 아웃풋의 품질을 높이는 것까지 워크숍 형식으로 진행합니다.

그렇지만 이 프로그램을 수강한 분은 단순히 방법론을 배우고 이해하는 것만으로는 당면한 업무에서의 활용이나 실천은 매우 어렵다는 것을 눈치채셨을 겁니다. 그 벽을 어떻게 극복할 것인지를 알지 못하면, 앞으로 나아갈 수 없습니다. 바꾸어 말하면, 학습한 방법론을 일단 활용해 보고 계산 결과를 도출했다고 하더라도 결과(아웃풋)가 그다지 합리적이지 않거나, 효과적이지 않더라도 무엇이 잘못되었는지 스스로 깨닫지 못하는 경우가 종종 발생하게 됩니다.

이러한 상황이 발생하는 원인인 **본질적인 포인트**야말로 그동

일 잘하는 사람은 가설부터 잘 세웁니다

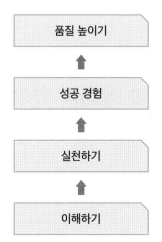

**[그림 들어가기-2] 필자가 제공하는 프로그램**

안 문제 해결이나 데이터 분석 활용이라는 방법론만을 중시하는 사람들에게 결여되어 있는 부분이자, 이 책에서 다루고자 하는 내용입니다.

# 가설만이 결과(아웃풋)의 품질과 성패를 좌우한다

## 모든 사람은 일상적으로 가설을 세운다

앞서 설명한 본질적인 요인은 하나만이 아닐 수도 있지만, 적어도 그중에서 가장 중요한 점 하나는 **가설假說**입니다. '가설을 세우고 나서 문제를 풀어 보세요'라는 이른바 가설 사고假說思考는 들어 본 적이 있을 것입니다. 가설 사고란, 먼저 '이렇게 하는 걸까?'라는 생각(아이디어)을 가설로 설정하고, 가설에 따라서 확인이나 검증을 해 나가는 접근법입니다.

　이 설명만으로는 막연하게 생각하실 수도 있지만, 가설 사고는 여러분이 일상생활 속에서도 활용하고 있습니다. 예를 들어, 퇴근 후에 손수건을 잃어버린 것을 알아챘다고 합시다. 손수건을 잃어버린 것을 알아채면 우선 무엇부터 하게 되나요? '어디서 잃어버린 걸까?'라고 생각하게 될 것입니다. 그러고 나서 다음과 같은 흐름으로 생각하게 될 것입니다.

- 사무실 책상 위에 두고 나오지 않았을까?
- 지하철 승차권을 꺼내다가 떨어뜨린 게 아닐까?
- 재킷 윗주머니가 아닌 다른 곳에 넣어두지 않았을까?

그리고, 생각나는 대로 가방 안을 살펴보거나, 역의 유실물 센터에 물어보거나, 다음 날 회사에 가서 책상을 확인하는 등의 행동을 하게 될 것입니다. 이러한 '일지도 몰라'라고 생각하는 것이 가설입니다. 우리는 일상의 다양한 상황에서 이처럼 가설을 세우고 더 효율적인 행동이나 판단을 하려고 합니다.

## 성과 여부는 가설에 달렸다

하지만, 앞서 예를 든 상황에서 보자면 손수건을 찾을 수 있을지 없을지(기대한 성과를 거둘 수 있을지 없을지)는 확인하는 방식의 좋고 나쁨에도 영향을 받겠지만, 먼저 가설이 충분한지, 적절한 지에 따라서 좌우되기도 합니다. 만약, 앞의 세 가지 가설 이외의 장소에서 떨어뜨렸다면 손수건은 영원히 찾을 수 없을 것이고, 사무실 책상이라고 하더라도 책상 위만 아니라, 서랍 안까지 손수건을 찾아봐야 할지에 따라서 결과가 달라질 수도 있습니다.

이처럼 제가 가설에 관심을 갖게 된 계기는 데이터 분석 활용 프로그램 덕분입니다. 저도 예전에는 다양한 데이터 분석 방법을 교육하는 프로그램이 그러한 것처럼, 분석 기법(방법론)이나 통계학과 같은 지식을 소개하는 데 중점을 두었던 시절이 있었습니다. 물론, 분석 방법이나 이론을 꼼꼼하게 설명하는 것으로 어떻게 하면 되는지 이해시키는 것은 가능합니다.

하지만, 실습에 들어가게 되면, 제시한 데이터를 방금 전에 학습한 방법론에 그대로 적용하여 그래프나 계산 결과를 도출한 뒤, 이를 통하여 무언가를 발견하고자 하는 흐름으로 이어집니다. 이렇게 얻게 된 정보를 발표하게 되면, 분석 빙법이나 계산이 틀리지 않았다고 하더라도 선뜻 납득하기 어려운 내용이 되어 버립니다.

**이 데이터를 사용하여 다음과 같은 그래프(그림 들어가기-3)로 표현해 보니, 이러저러한 인사이트를 얻을 수 있었습니다.** 몇 가지 데이터, 그래프와 함께 이와 같은 설명이 이어지고, 이내 결론이 되어 버리고 마는 것입니다.

결과적으로 강사인 제가 연수 중에 수강자에게 꼼꼼하게 방법론과 지식을 설명하고, 다양한 좋은 사례를 소개하면서 학습한 지식과 방법론을 수강자가 적절하게 사용했음에도 불구하고, 기대한 만큼의 효과나 성과를 거두지 못해서 머리를 쥐어짜

일 잘하는 사람은 가설부터 잘 세웁니다

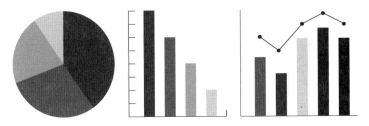

**[그림 들어가기-3] 어딘가 익숙한 그래프**

는 수강자(과제를 해결해야 하는 담당자, 데이터 분석 담당자 등)를 종종 만나게 되는 것입니다.

잃어버린 손수건으로 예를 들어 보면, 내가 생각해 낸 세 곳의 장소에서 철저하게 찾아보지만, 결국 손수건은 발견할 수 없었다는 결론으로 이어지게 될 것입니다. 이 말을 들으면 '잠깐만요. 다른 장소에서 잃어버렸을 가능성도 있지 않을까요?'라고 말하고 싶은 사람도 있을 것입니다. 이른바 **가설이 충분하지 않았기 때문**입니다. 여러분 중에도 직장이나 프레젠테이션을 듣는 청중 입장에서 이러한 느낌을 받은 적이 있었을 것입니다.

이처럼 가설은 결과를 크게 좌우하는 요소임에도 불구하고, 가설을 세우고 생각하는 방법에 대해서는 학교나 직장에서 제대로 학습하는 시간과 기회가 거의 주어지지 않는다는 큰 문제가 있습니다. 따라서 가설을 세우는 것을 포함하여 본질적으로 생각하는 부분을 제대로 습득할 필요가 있고, 그다음에 비로소 다양한 분석이나 방법론을 활용할 수 있게 됩니다.

## 성과를 내기 위한 필수 요소
### - 운영 체제와 애플리케이션의 관계

## 가설은 운영 체제, 다양한 방법은 애플리케이션

이렇게 생각해 보면, 가설이란 문제 해결 또는 기획 제안의 운영 체제Operating System에 해당한다고 할 수 있습니다. 그렇다면 문제 해결 방법론이나 데이터 분석 방법론, 데이터 사이언스와 같은 것들은 모두 운영 체제 위에서 작동하는 애플리케이션이라 생각할 수 있습니다.

이 원고를 적고 있는 마이크로소프트 워드Microsoft Word나 데이터 분석에 사용한 마이크로소프트 엑셀Microsoft Excel과 같은 애플리케이션도 적절한 운영 체제에서 작동시켜야만 제대로 기능을 발휘할 수 있습니다. 아무리 애플리케이션의 기능이 진화하더라도 기반이 되는 운영 체제가 없거나 온전하지 못하면 원래의 목

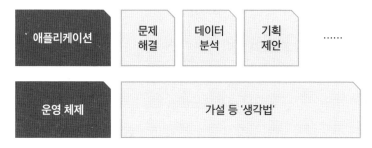

[그림 들어가기-4] 애플리케이션과 운영 체제

적은 달성하기 어려울 것입니다.

　오해를 방지하기 위하여 말씀드리자면, 애플리케이션은 신경 쓰지 않아도 된다는 의미는 아닙니다. 적절한 운영 체제가 있다는 것을 전제로 이러한 애플리케이션의 기능이 좋다면 더할 나위가 없습니다. 이처럼 운영 체제와 애플리케이션은 둘 다 목적을 달성하는 데 반드시 필요하지만, 어느 한쪽(특히 운영 체제 쪽)이 현저한 결함을 가진 경우가 많다는 점을 문제로 지적하고자 합니다.

## 성과를 올리는 사람의 공통된 생각법 – 크리티컬 씽킹

그리고, 이러한 문제의식을 바탕으로 저의 데이터 분석 활용 프로그램에서는 처음부터 가설 입안 능력을 습득할 수 있도록 하였습니다. 주된 내용은 제가 월급쟁이 시절에 모셨던 여러 경영자들이 중요한 안건을 의사 결정할 때의 시점이나 생각을 접했던 경험에서 출발합니다.

전 세계에서 모인 월드클래스 엘리트 임원들이 어떻게 그런 창의적인 발상에 도달했을까, 어떤 목표를 바라보고 있을까 하는 의문을 가지며, 그들의 놀라운 지적 활동과 판단의 순간을 관찰했습니다. 이를 통해 그들 사이에 공통된 생각을 발견할 수 있었습니다.

저는 독립한 뒤, 많은 클라이언트의 데이터 활용이나 문제 해결을 도와드리면서 이러한 포인트가 성과를 좌우한다는 것을 알게 되었습니다. 그리고 이 생각은 경험을 쌓으면 쌓을수록 더욱 명확해졌습니다. 이러한 생각을 실천하는 방법은 다양하며, 이 책에서 소개하는 방법을 이들 경영진이 그대로 실행하고 있지는 않겠지만, 공통된 것이라 할 수 있는 것이 **크리티컬(비판적)하게 생각하고, 사고의 폭을 넓힌다**는 점입니다. 이 점을 가능한 알기 쉽게 설명하고, 실천하기 쉬운 방법론으로 만든 것이 제 프로그램의 근간이 되었습니다.

또한, 누구라도 매년 몇 차례 수강이 가능한 공개 세미나에서는 '가설 입안 실천 강좌'를 최근 몇 년 동안 실시하고 있으며, 매번 많은 분들이 수강하시고 감사하게도 매우 높은 평가를 주고 계십니다.

더불어, 객원 교수로 재직하고 있는 타마多摩대학교 대학원의 사회인을 위한 MBA 코스에서는 더 좋은 가설을 세우는 법에 중점을 둔 크리티컬 씽킹 수업을 담당하고 있습니다. 크리티컬 씽킹(비판적 사고)이 가설 입안과 관계가 있는 이유는 이 책의 제3장 이후를 읽어 보시면 알 수 있습니다.

기업 연수와 같은 곳에서도 이러한 가설 입안을 실시하면, '이 내용을 복습할 수 있는 사례집이나 텍스트, 서적 같은 것은 있나요?'라는 질문을 많이 받습니다. 이 질문에 대해서 지금까지는 '딱 들어맞도록 내용을 정리한 것은 아직 보질 못했다'라고 대답하였습니다.

왜냐하면 지금까지 세미나나 연수 등에서 가설 입안을 다루기는 했지만, 다양한 사례까지 포함하여 서적으로 만드는 것은 의도적으로 피해 왔기 때문입니다. 이는 가설 입안이란 '이렇게 따라 하면 됩니다'라든지, '이것이 정답입니다'라고 하는 많은 일반적인 스킬(능력)과 동일시하기가 어렵기 때문이며, 따라서 '한 권의 책으로 일반론을 설명하기'보다도 '그 자리에서 실천하고 각각의 케이스에 따라 적용해 보기'가 더 적합하다고 생각합니다.

이 때문에 어떤 사람이 실무 현장에서 접하는 각각의 케이스(과제)에서 그 사람이 어떻게 생각하는지와 같은 구체적인 내용에 대하여 피드백(지적)과 어드바이스를 주면서 이해와 실천 능력을 넓힐 수 있도록 하였던 것입니다.

이러한 생각은 물론 지금도 변함은 없지만, 그럼에도 '추천하실 만한 좋은 책이 없나요?'라는 질문을 받을 때가 너무 많은데다가, 딱 맞는 책이 없는 것도 사실이므로 가능한 많은 케이스를 엮어서 집필해야겠다는 결심을 하게 되었습니다. 그리고, 수많은 실천적 사례를 접하면서 얻은 지식과 경험, 사례의 수가 많이 축적된다는 점도 서적화를 추진하게 된 배경이기도 합니다.

이 책은 제1장에서 목표로 해야 할 좋은 가설이란 무엇인가에 대하여 이해를 넓힙니다. 이어 제2장에서는 가설을 세울 때 '어디를 향하여 가설을 세울 것인가'를 명확하게 하는 데 매우 중요한 '목표(목적)'의 설정에 대하여 설명합니다. 제3장에서는 '가설'을 만드는 방법에 대하여 본격적으로 설명힙니다. 가설의 종류와 생각의 프로세스(순서), 테크닉 등을 소개합니다. 제4장에서는 실제 케이스를 소개하면서 독자 여러분과 함께 생각해 보도록 하겠습니다.

이 장에서도 정답은 없으므로 깊게 생각하는 시간을 가지고, 학교에서의 시험 문제와 같은 정답이 없는 불안에도 익숙해지기길 바랍니다. **정답을 찾는다는 생각에서 정답을 창조한다는 생각으로 발생의 전환이 중요합니다.**

마지막으로는 저의 강점인 데이터 활용을 기반으로 만들어 본 가설을 검증하기 위한 테크닉 및 이를 생각하는 방법을 소개하고자 합니다. 이것이 있으면 가설 입안에서 가설 검증까지 일

련의 프로세스를 진행할 수 있게 될 것입니다.

이제부터 머리를 말랑말랑하게 하고 시야를 넓힌 다음, 이 책을 즐겨 주시기를 바랍니다.

# | 차례 |

## 제3장

# 좋은 가설을 만들기 위한 테크닉

## 제4장

# 가설 만들기 실천 케이스

# 제1장

# 좋은 가설,
# 나쁜 가설

# 가설은
# 어떤 상황에서 필요할까?

## 가설이 필요한 상황

적합한 가설을 세우고 활용하려면 어떻게 해야 할까? 이 책의
주된 목적을 설명하기에 앞서, 가설에서는 어떠한 것을 생각해
야 하는지에 대하여 여러분이 얼마나 이해하고 있는지 점검해
봅시다.

　여러분은 가설을 세우고 진행하자는 말을 들었을 때, 도대체
무엇을 어떻게 생각해야 할지 고민한 적은 없으신가요? 어떤 가
설을 생각해야 할지 이해하지 못한 채, 가설의 옳고 그름을 검토
하는 것은 어려울 것입니다. 그렇다면 가설로 무엇을 생각해야
하는지를 구체적으로 살펴보기에 앞서, 가설을 사용할 것 같은
몇 가지 상황을 상상해 봅시다. 여러분이 사무실에서 일하는 모

습을 구체적으로 떠올려가면서 이 책을 읽어 주시면 좋겠습니다.

일반적으로 가설을 세워야 하는 상황은 다양할 것이라 생각합니다. 하지만, 이 책에서는 다음을 전제로 생각해 보기로 하겠습니다.

실무에서 '문제 해결'이나 '기획 제안(아이디어 제안)'을 하는 것을 목표로 가설을 세우고 진행한다

## 문제 해결과 기획 제안

여기서 말하는 문제 해결이란, 예를 들자면 다음과 같은 경우입니다.

- 담당 제품의 매출이 과거 석 달 동안 꾸준하게 감소하는 상황을 개선
- 최근 고객들의 클레임이 빈발하고 있기 때문에 고객 만족도 향상
- 회사의 근무 시간이 길어져 종업원들이 지쳐 있는 환경을 개선
- 생산 현장(공장)에서의 제품 불량률을 개선
- 마을의 고령화로 인한 이동에 불편함을 겪는 고령자를 줄이기

모두 어떠한 난처한 일(문제)에 마주하여, 그 상황을 해결하거나 개선하고 싶어 합니다.

한편, 기획 제안이란, 예를 들자면 다음과 같은 경우입니다.

- 새롭게 설립한 '이노베이션 부문'에 필요한 사람 수를 제안
- 영업팀이 더 효율적으로 활동하기 위하여 팀 편성 및 역할에 대한 리빌딩을 제안
- 지금보다 비용 대비 효과를 올릴 수 있는 마케팅 방법을 제안

이렇게 두 가지 경우로 초점을 맞춘 이유는 여러분들의 실무 현장에서 필요한 것은 대부분 문제 해결과 기획 제안에 해당할 것이라 생각하기 때문입니다. 또한, 이 두 가지는 명확하게 구분해야 하기보다는 어떠한 문제를 해결해 나가는 과정에서 기획 제안의 아이디어로 이어지는 경우가 있기 때문입니다. 예를 들자면, 다음과 같은 경우입니다.

**A 눈앞의 문제**: 특정 상품의 수익률이 하락하고 있음
**B 제안하고 싶은 것**: 비용 대비 효과가 높은 프로모션을 제안

**A 눈앞의 문제**: 우리 마을의 인구가 감소하고 있음
**B 제안하고 싶은 것**: 많은 사람들이 이주하고 싶은 마을 만들기에 대한 아이디어 제안

모든 케이스가 A만을 보면, 문제 해결을 위한 문제의 정의이며, B만을 보면 기획 제안이라고 할 수 있습니다. 하지만 B의 발상은 원래 A라는 문제가 있었기 때문에 도출된 것이라고 생각하면, A와 B는 하나의 세트로 생각해야 하고 문제 해결일 수도 기획 제안일 수도 있기 때문입니다.

하지만, 여기서 먼저 말해 두고 싶은 점은 각각의 상황에서 그것이 문제 해결인지 기획 제안인지를 엄밀하게 정의하는 것은 '가설에서 무엇을 생각할 것인가'의 관점에서는 그다지 중요하지 않다는 점입니다. 본질적으로 두 가지에는 커다란 차이가 없기 때문입니다.

실제로 여러분이 마주할 다양한 상황에는 항상 눈앞에 드리난 문제가 출발점이 되지 않을 수도 있기 때문에 모든 것을 문제 해결이라는 관점으로 들여다보게 되면 '나는 단지 신규 관광객을 유치하자고 제안을 하고 싶었을 뿐, 문제를 해결할 생각은

| 기획 제안<br>구체적으로 난처한 일이 없음 | ~을/를 올리고 싶다<br>~을/를 새롭게 개발하고 싶다<br>~을/를 시작하고 싶다 등 |
| --- | --- |
| 문제 해결<br>구체적으로 난처한 일이 있음 | ~을/를 낮추어야만 한다<br>~이/가 많아서 난처하다<br>~의 문제를 해결하고 싶다 등 |

| 표 1-1 | 기획 제안과 문제 해결

일 잘하는 사람은 가설부터 잘 세웁니다

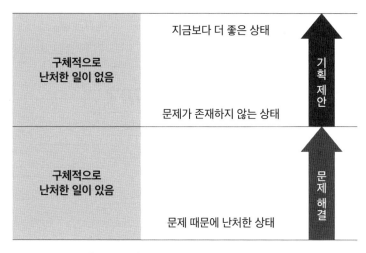

[그림 1-1] 기획 제안과 문제 해결의 관계성

없었는데…'라는 혼란을 겪게 될 수도 있습니다. 그래서, 우선은 기획 제안과 문제 해결이라는 입구를 확인하기 위해 정리하면 표 1-1과 같습니다.

또한, 이 두 가지의 관계성을 그림으로 그려 보면, 그림 1-1과 같습니다. 그림을 보면 출발은 어떠한 문제에서 시작하지만, 최종적인 제안(결론)은 윗부분의 기획 제안 영역에 포함될 수도 있다는 것을 알 수 있습니다. 여러분은 최근에 어떠한 제안(결론)을 접하거나 본인이 작성한 적이 있는지 생각해 보세요.

# 가설이란
# 도대체 무엇일까?

## 문제 해결 또는 기획 제안 프로세스와 가설

그럼 이야기를 '가설이란 무엇일까?'로 되돌려보겠습니다. 일본의 쇼가쿠칸小學館 출판사에서 발행한 디지털 다이지센大辭泉 사전에서는 가설을 아래와 같이 정의하고 있습니다.

어떠한 현상을 합리적으로 설명하기 위해 임시로 설정한 이야기

분명 맞는 말이지만, 아쉽게도 이것만으로는 '어떻게 생각하면 좋을까?'라는 물음에 대답이 될 수는 없습니다. 앞서 문제 해결의 경우에서 결론에 이르기까지의 과정(프로세스)을 떠올려봅시다. 문제 해결 또는 기획 제안의 일반적인 프로세스는 그림

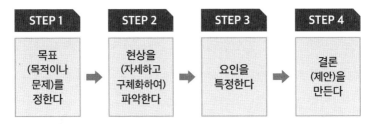

| STEP 1 | STEP 2 | STEP 3 | STEP 4 |
|---|---|---|---|
| 목표 (목적이나 문제)를 정한다 | 현상을 (자세하고 구체화하여) 파악한다 | 요인을 특정한다 | 결론 (제안)을 만든다 |

[그림 1-2] 문제 해결 또는 기획 제안 프로세스

1-2와 같습니다.

각 프로세스의 내용에 대해서는 이 책의 제2장 이후부터 자세하게 설명하므로 여기에서는 전체적인 흐름을 대략적으로 이해하는 것만으로도 충분합니다. 문제 해결 혹은 기획 제안의 전체 프로세스는 그림 1-2에서 설명한 것과 같이 크게 네 가지 단계(STEP)로 구성됩니다.

먼저 STEP 1(목표 설정)에서는 목표(목적)를 정합니다. 여기에서 목표란, 문제 해결이라면 해결해야 할 문제(난처한 일)이며, 기획 제안에서는 달성하고 싶은 목표일 수도 있습니다.

두 번째 STEP 2(현상 파악)에서는 눈앞의 현상을 가능한 한 객관적으로 파악해야 합니다. 눈앞에서 어떠한 일이 일어났는지를 알지 못하면 앞으로 나아갈 수 없을 테니까요. 이를 구체화, 명료화하기 위한 과정입니다.

이어서 STEP 3(요인 규명)에서는 STEP 2에서 확인한 현상에 대하여, 왜 그렇게 되었는지를 밝혀냅니다. '왜'란, 문제 해결에서는 **원인** 또는 **요인**이라는 단어로, 기획 제안에서는 근거라는 단어로 바꾸어 볼 수 있습니다. 여기에서는 이를 뭉뚱그려서 요인이라고 하겠습니다.

마지막으로 STEP 4(결론 혹은 제안)에서는 STEP 3에서 찾아낸 요인에 대하여, 어떤 방책이나 대책 등이 합리적인지에 대한 답을 결론으로 도출합니다. 다만, 결론의 내용은 어디까지나 STEP 2에서 확인된 현상이 아니라, STEP 3에서 찾아낸 요인에 대한 것이라는 점이 포인트입니다(이 내용도 제3장에서 자세하게 설명하겠습니다).

여기서 생각해 보아야 할 것은 이 프로세스 중에서 가설이 등장하는 것은 어디인가라는 점입니다. 가설이 등장하는 위치에 따라서 생각할 내용이 달라지기 때문입니다.

## 현상 가설과 요인 가설 그리고 스토리 가설

결론부터 말씀드리자면 STEP 2 현상 파악 및 STEP 3 요인 규명의 각 STEP에서, 해당 작업에 들어가기 위한 가설이 필요합니다. 이때 필요한 가설은 다음과 같습니다.

- **STEP 2 현상 파악에 필요한 가설**
  ⋯ 현상을 적절하게 파악하려면 어떤 점에 착안해야 하는가?

일 잘하는 사람은 가설부터 잘 세웁니다

**• STEP 3 요인 규명에 필요한 가설**

···→ 파악한 현상의 배경에 있는 요인에는 어떤 것이 있는가?

보시는 것처럼 각 STEP에서 확인, 검증할 내용을 예상해 두고 있다는 것을 알 수 있습니다. 또한 STEP 2와 STEP 3에서 요구하는 가설의 내용이 다른 점에도 주의가 필요합니다.

이를 명확하게 구별하기 위해서 저는 STEP 2(현상 파악)에 필요한 가설을 **현상 가설**, STEP 3(요인 규명)에 필요한 가설을 **요인 가설**이라고 부르고 있습니다. 이는 어디까지나 제가 가설을 쉽게 구별하기 위해서 이름 붙인 것입니다.

그렇다면, 앞서 말한 두 가지 가설뿐만 아니라 한 가지 더 중요한 가설이 있습니다. 이는 최종적인 결론에 도달하기 위한 **전체의 스토리에 대한 가설**입니다.

문제를 해결하거나 새로운 기획을 제안할 때의 최종적인 목표는 결론(제안)에 도달하는 것입니다. 하지만, 최종 목표인 제안을 위해서 '어떠한 정보가 필요한지', '이러한 정보를 어떤 순서로 어떻게 수집하고 확인할지'를 스스로가 알지 못한다면, 언제나 '닥치는 대로 진행'하는 작업이 되고 말 것입니다. 결과적으로 도중에 목적지와 자신이 있는 장소를 잃고 헤매게 되는 것입니다.

자주 접하는 상황은 많은 데이터를 끌어모은 다음 그래프로 가시화하거나, 합계나 평균과 같은 다양한 지표로 집약해 보지만, '어, 이걸 가지고 어떤 결론을 내고 싶었던 거지?'라는 상황에 빠져버리는 상황입니다. 이러한 일은 많은 분들이 경험한 적이 있지 않을까요?

이런 상황에서는 어떻게든 근시안적으로 현상 가설과 요인 가설을 세웠다고 하더라도, 전체의 구조나 스토리를 구성하는 데에는 도움이 되지 않습니다. 따라서 여기에서는 다음 두 가지 가설을 미리 생각해 둘 필요가 있습니다.

①결론을 내기 위해서 필요한 정보는 무엇인가?
②그 정보는 어떤 프로세스로 확인해야 하는가?

전체 흐름(스토리)을 미리 생각해 두는 가설이므로 저는 이것을 **스토리 가설**이라고 부르도록 하겠습니다. 여기까지 소개한 세 가지 가설, 이른바 현상 가설과 요인 가설, 그리고 스토리 가설이야말로 적절한 흐름에 따라서 합리적인 제안으로 이어지기 위한 필수 요소라고 생각합니다.

세 가지 가설의 위상을 개념적으로 설명하면 그림 1-3으로 나타낼 수 있습니다. 그림 속의 세 개의 선은 스토리 가설을 나타냅니다. 이 케이스에서는 시작 지점에서 목표에 이르기까지 세 가지 흐름을 시작하기 전에 가설로 세우고 있다는 것을 나타

　　　　　일 잘하는 사람은 가설부터 잘 세웁니다

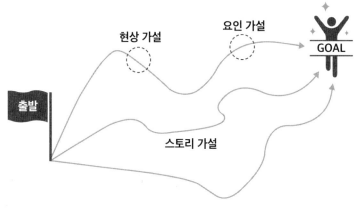

**[그림 1-3] 세 가지 가설의 개념도**

냅니다. 각각의 스토리 속에서 현상 파악, 요인 규명이라고 하는 STEP이 진행되지만, 앞서 말한 것처럼 현상 가설을 세우고 나서 현상 파악, 요인 가설을 세우고 나서 요인 규명이라는 검증 및 확인 작업이 이루어집니다.

- **스토리 가설**: 목표를 생각해 두고 목표까지 도달하는 흐름을 그려 보는 것
- **현상 가설 및 요인 가설**: 흐름을 도중에 확인하며 의사 결정에 필요한 내용을 예상하는 것

스토리 가설은 모든 STEP을 지나온 시점에서, 현상 가설과 요인 가설은 각각의 검증 및 확인 작업을 하는 시점에서 생각하

게 됩니다.

이 세 가지 중에서 어느 하나라도 빠지게 된다면, 결론에 이르는 내용의 일부분은 주관적인 것이 되거나, 깊이 생각하지 않은 결론이 되어 버려서 설득력이 떨어지고 맙니다.

가설이라는 단어를 들은 많은 사람들이 가지는 대략적인 느낌은 요인 가설에 가까울 것입니다. 예를 들자면 다음과 같이 '생각하는 것 = 가설'이라는 형태입니다.

XXX라는 문제의 원인은 무엇일까?

왜 이런 일이 일어났을까?

이러한 이해 자체는 틀리지 않았습니다. 하지만, 가설에서 필요한 것들의 일부에 지나지 않습니다.

# 03

# 좋은 가설이란
# 어떤 가설인가?

## 언뜻 보면 괜찮아 보이는 가설

다음으로 좋은 가설과 나쁜 가설에 대하여 생각해 보겠습니다. 제가 강의를 담당하고 있는 세미나나 연수에서 '여러분들은 어떤 가설이 좋은 가설이라고 생각하나요?'라는 질문을 합니다. 다음은 예전에 세미나에서 이러한 질문을 던졌을 때 실로 다양한 대답이 나왔기 때문에 일부를 여기에서 소개하겠습니다.

- 검증할 수 있는 가설
- 사실(팩트)에 기반한 가설
- 데이터로 확인된 내용으로 설명할 수 있는 가설
- 해결 방향을 좁히기 위해서 유효한 가설

- 모두가 납득할 수 있는 가설

- 모든 리스크가 고려된 가설

- 설명할 수 있는 가설

- 현실적이고 비약 없는 가설

- 정확도 높은 가설

- 제한적이지 않고, 다양한 전제와 조건이 고려된 가설

어떠신가요? 전체적으로 그럴싸한 대답이라고 생각할 것입니다. 그렇다면, 이 중에서 비교적 자주 등장하는 좋은 가설과 많은 사람들이 생각하는 점에 대하여 살펴보도록 하겠습니다.

## ①검증할 수 있는 가설

가설은 가설인 채로 아이디어 상자 안에 넣어 두면, 언젠가는 꺼내어 쓸 수도 있겠지만, 눈앞의 목표에 대해서는 아무런 가치도 발휘하지 못합니다. 가설이 옳은지 그른지에 대한 객관적이고 합리적인 검증과 확인이 이루어져야만 비로소 의미를 가지게 됩니다.

하지만, 현실적으로 모든 가설이 검증 가능하다고 할 수는 없습니다. 단순히 검증을 위한 데이터를 입수할 수 없거나, 데이터가 존재하지 않는 것과 같이 정보가 부족하기 때문인 경우도 적지 않습니다.

일 잘하는 사람은 가설부터 잘 세웁니다

예를 들어, '이 상품이 팔리지 않은 이유 중 하나는 패키지 디자인이 매력적이지 않았기 때문일 수 있습니다'와 같은 요인 가설을 검증하려고 합니다. 하지만, 제품을 산 사람으로부터 구입 후 설문 등으로 구입 이유를 들을 수는 있겠지만, 애당초 구입하지 않은 사람을 밝혀내는 것은 불가능에 가깝기 때문에 사지 않은 이유를 확인하는 것은 매우 어려운 일입니다. 그렇게 되면 이 가설은 세우기는 했지만, 검증할 수 없는 것이 됩니다.

한편으로는 사실이 들어맞아서 타당한 가설이 될 가능성도 있기에 가설의 내용이 좋은지 나쁜지를 평가할 수도 없습니다. 단지, 실무적으로 다루기 어려운 가설로 남게 될 것입니다.

뒤집어 말하자면, 아무리 타당성이 있어 보이는 가설이라고 하더라도 검증이 불가능하다면, 실무에서는 더 이상 앞으로 진행해 나갈 수 없게 됩니다. 따라서 실제로 가설을 세울 때는 검증 가능 여부에 대해서도 어느 정도 예상하고 생각해 둘 필요가 있습니다.

하지만, 검증할 수 있는 것(자신들이 가진 정보의 범위)에 대하여 필요 이상으로 생각을 빼앗기게 되면, 언제나 접하게 되는 데이터와 표, 그래프만이 머릿속에 떠오르게 되고, 여기게 생각이 락인(고정)되어 버리는 것도 자주 발견하는 함정입니다.

제대로 가설을 세우고, 검증에 필요한 정보를 규명한 뒤, 실시하는 것과 같은 사이클을 돌리기 시작하는 가설 검증의 초기 단

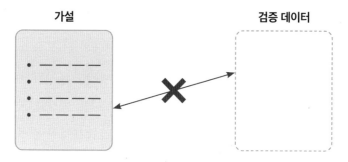

가설　　　　　　　　　검증 데이터

**[그림 1-4] 검증이 불가능한 가설**

계에서는 이러한 상황이 발생하기 쉽습니다. 무엇보다 기존의
정보에만 집중하는 것에서 벗어나, 넓고 자유롭게 가설을 세우
고, 그런 다음 검증 가능성을 생각해 보시는 것을 추천합니다.

　한편, 중장기적으로는 가설 검증을 반복함으로써 조직과 팀
에 (자신의 업무 수행에 필요한 가설을 검증하기 위하여) 필요한 정
보는 서서히 명확해집니다. 그렇게 하면, 이와 같은 검증이 불
가능한 문제는 해결될 것입니다. 이상적으로는 이런 상황에 점
점 더 다가가야겠지요.


**② 사실에 기반한 (정확도가 높은) 가설**

　가설을 대충 세우게 되면 검증한 결과, 대부분이 사실(팩트)이
아니었다가 되었을 때, '그러면 도대체 진실은 무엇인가?'라는 궁
금증만이 남게 되고 더 이상 앞으로 나아갈 수 없게 됩니다. 그런
의미에서는 '사실에 가깝다 = 가설이 들어맞았다'라는 공식이 성

립되는 편이 이야기가 빠를 것입니다. 덕분에 결론에 이르기까지의 전체 공정도 물 흐르듯 효율적으로 진행할 수 있게 됩니다.

예를 들어, '이틀 뒤의 임원 회의까지 꼼꼼하게 조사해서 제안서를 작성하세요'와 같이 단시간에 어느 정도 설득력이 있는 결론을 만들어야 하는 상황에서는 확실하게 검증이 가능한 가설이어야 하고, 게다가 검증된 가설이 틀리지 않는 것이 무척이나 고맙게 여겨질 것입니다.

이처럼 좋은 점만 있는 것 같은 '사실에 가까운 가설'이지만, 이는 검증한 뒤에야 '검증해 보니 사실이었다'라는 것을 알게 된 것입니다. 즉, 가설을 세우는 단계나 검증하기 전까지는 사실에 가까운 것인지 어떤지는 객관적으로 판단할 수 없습니다. 사실 그 자체가 무엇인지 가설을 구축하는 시점에서는 알 수 없는 것입니다.

이와 비슷하게 '보다 정확도가 높은 가설'이 좋은 가설이라는 의견도 있습니다. 아마 하고 싶은 말은 '사실에 가까울 것'이라고 생각합니다. 특히 '정확도가 높다'는 표현에는 '가설로 사실을 들어맞히는 편이 좋다'는 평가 기준이 있는 것으로 보이기까지 합니다.

'가설을 세우기는 했지만, 조사해 보니 실제로는 전혀 달랐다'라는 것은 가설 검증 작업이 실패한 것과 마찬가지라고 생각하고 있지 않나요? 여러분의 기분을 이해합니다. '자신이 설정한

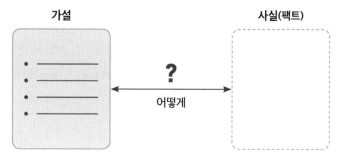

[그림 1-5] 사실에 기반한 가설

가설을 검증해 보니, 사실도 가설과 일치했다'라고 하는 편이 깔끔하고, 좋은 가설을 세운 것 같아 뿌듯하게 느껴질 겁니다. 이대로 순조롭게 결론까지 도달할 것 같은 기분도 듭니다.

하지만, '가설이 사실과 다르다'라는 것도 정보로써 큰 가치가 있습니다. 종종 접할 수 있는 다음과 같은 상황을 예로 들어 보겠습니다.

**가설**

공장의 라인에서 불량품을 발견하는 비율은 근속년수가 긴 베테랑 사원이 높을 것이다(그러므로, 신입 사원을 중심으로 근속년수가 짧은 종업원에 대하여 트레이닝을 실시하면 전체적으로 불량품 발견율이 높아질 것이다)

**검증 결과**

작업자의 근속년수와 불량품 발견율 간의 관계성을 발견할 수 없었다

이처럼 직장에서 오랜 기간 '당연한 것'으로 인식되고, 이에 기반한 다양한 대책이 실시되고 있지만, 누구 하나 지금까지 타당성을 검증한 사람은 없으며, 아무도 '이상하다'든지, '그만둬야 한다'고 하지 않은 채 계속 진행되고 있는 일은 적지 않습니다. 이른바 (당연하다고 생각되었던) 가설이 틀렸다는 것이 판명되고, 처음으로 그 사실을 깨닫게 되는 것입니다.

오랜 업무 경험이나 직장의 동료, 선배, 고객으로부터의 의견 속에 '그게 틀림없을 거야'라고 (각자 주관적으로) 생각하고 있던 것은 단지 그때 떠오른 아이디어에 비하면 사실에 가까울 수도 있습니다. 하지만, 이는 아직 객관적으로 근거를 확보한 것이 아니며, 어디까지나 주관적인 영역에 머물러 있습니다. 물론, 자신이 가진 주관적인 지식을 총동원해서 사실(이라고 이 시점에서 생각하고 있는 것)에서 크게 벗어나지 않는 가설을 세우는 것도 중요합니다.

하지만, 감각이나 지식, 주관에 너무 의존하게 되면, 뒤에서 설명할 좋은 가설에 필요한 더 넓은 시점을 잃어버리는 치명적인 함정에 빠질 수 있으며, 그에 따른 리스크도 급속하게 높아지므로 주의가 필요합니다.

### ③ 데이터로 확인된 내용으로 설명할 수 있는 가설

아무런 사전 정보가 없는 상태에서 새하얀 종이에 '어떤 것이든 가설을 계속 적어 보세요'라고 하면, 눈앞의 하얀 종이를 노려보다가 아무런 진도가 나가지 않는 모습을 쉽게 상상할 수 있습니다. 그리고, 실제로 워크숍에서도 같은 질문을 하면, 이러한 사람들을 많이 발견하게 됩니다.

이는 미지의 테마나 과제뿐만 아니라, 매일 접하는 자신의 업무 과제에 대해서도 마찬가지입니다. 만약, 몇 가지 선택지가 제시되고, 그중에서 '여러분이 가설(예를 들어, 담당 업무의 과제에 대한 요인 가설)이라고 생각하는 것을 골라 주세요'라고 한다면, 모두가 쉽게 고를 것입니다.

말하자면, 제시된 후보 중에서 '답을 찾기'는 할 수 있지만, 몇 가지 '답을 만들기'는 어려워하는 것입니다. 먼저 데이터를 확인한다는 것은 선택할 후보를 데이터에서 찾아 헤매는 것과 다를 바가 없습니다. 그러나, 뒤에서 설명하겠지만 이러한 행위는 좋은 가설을 찾아내기에 필요한 요건을 생각할 때 치명적으로 심각한 문제입니다.

이야기가 조금 빗나가지만, 이 점에 대해서 '왜 저는 맨 처음의 가설 만들기가 안 되는 걸까요?'라는 질문을 세미나나 워크숍에서 정말 자주 받습니다.

요코하마 국립대학교에서 외국인 유학생을 위한 수업을 담당하고 있는 저로서는 특히 일본인과 외국인의 발상의 차이를 강하게 느끼는 순간이 종종 있습니다. 그 차이는 교육에서 발생한다고 생각합니다. 일본의 일반적인 학교 교육에서는 반드시 '정답'이 있고, 그 정답을 틀리지 않고 빨리 찾아내는 사람이 'ㅇ'이고, 그렇지 않은 사람은 'ㅋ'라는 분위기가 있습니다. 학생들은 그 과정에서 정답률을 높이는 능력을 갈고닦게 됩니다. 지금은 예전과 비교하여 그런 경향도 다소 사라졌다고 생각하지만, 굳이 선입관을 가지고 드리는 말씀입니다.

모든 외국인이라고 할 수는 없지만, 이들 중 많은 수는 스스로 '정답은 이게 아닐까'라는 목표를 설정하고, 이를 이해시키고 설득하기 위해서 이런저런 방향으로 생각을 굴려 나가는 것을 봅니다. 일본의 학교 수업 풍경에서 생각해 보면, 선생님은 매우 고생스럽겠지만 적어도 선생님이 가지고 있는 정답만을 찾으려 하는 것이 아닌, '나는 이렇게 생각하는데 어떤가요?'라는 가설을 세우고 도전하는 경향이 강해질 것입니다.

오랜 시간 일본식 교육에 길들여진 많은 일본인들에게는 백지상태에서 자신이 생각하는 가설을 새롭게 구축하는 것에 대해서 큰 부담감을 느끼고, 생각이 멈추어 버리는 것은 어떤 의미로는 당연할 수 있습니다. 하지만, 이를 타파하지 않으면 더 좋은 가설을 세우는 것은 어렵습니다.

이 가설은 사실일까?
이 가설은 올바른 것일까?

가설을 만들기 위한 힌트는 어디서 찾아야 할까?

이처럼 일단, 생각을 떠올리려고 의식적으로 노력해야 합니다. 그럼, 다시 이야기를 데이터로 확인된 내용으로 설명할 수 있는 가설로 되돌리겠습니다.

일단, 빠르게 데이터(와 기타 정보)를 확인하고, 그 중에서 알아낸 것이나 확인된 것을 바탕으로 가설을 만든다

언뜻 그럴싸해 보이는데, 어디에 문제가 있는지 알아차리셨나요? 실제로 데이터에 기반하려 하면 다음과 같은 이점을 느끼는 사람도 많을 것입니다.

- 발상의 실마리를 찾아내기 쉽다
- (데이터로 제시되므로) 사실에 가깝고, 가설의 타당성을 검증할 수 있을 것이다
- 가설 구축 작업을 진행하기 쉽다

그러나, 이러한 이점과는 달리 다음과 같은 두 가지의 치명적인 문제점이 발생하게 되고, 결과적으로 좋은 가설에서 점점 멀어지게 됩니다.

직장에서 나의 모니터에 표시되는 수많은 업무 관련 데이터와 가공된 표, 그래프를 바라보고 있는 자신을 가능한 구체적으로 상상해 보세요. 그러한 것을 보면서 무엇을 생각하시나요? 아마도 '이 데이터나 그래프에서 어떤 정보를 읽을 것인가?'라는 생각을 하고 있지 않나요? 저도 마찬가지입니다.

하지만, 이럴 때의 생각의 범위는 '그 데이터'에 한정된다는 점에 주의해야 합니다. 눈앞의 데이터나 그래프로 무엇을 말할 수 있을지 발견할 수도 있겠지만, 이는 어디까지나 해당 데이터가 가지고 있던 정보(의 일부) 안에서 이야기입니다. 여러분이 가설로 생각해 두어야 할 범위는 데이터가 가진 정보의 범위와 반드시 같다고만은 할 수 없습니다. 오히려 많은 경우, 전혀 충분하지 않을 수도 있습니다.

그림 1-6에서는 일단 무언가 찾아낸 데이터의 범위를 중간 크기의 '우연히 발견한 데이터'라고 하겠습니다. 로우 데이터를 나열하더라도 아무것도 찾아낼 수 없었기 때문에 원래의 데이터를 표나 지표, 그래프와 같은 것으로 가공해 나갑니다.

그러다 보면, 원래의 데이터가 가지고 있던 정보의 일부가 눈앞에 떠오릅니다. 그렇게 떠오른 정보는 가장 작은 **우연히 발견한 데이터에서 찾아낸 것**이라고 하겠습니다. 우연히라고 표현하는 이유는 대부분의 경우에 일단 그럴싸해 보이고, 활용하기 쉬

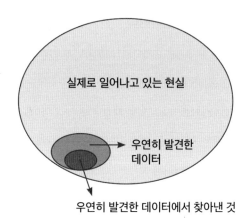

[그림 1-6] 데이터에서 가설을 세울 때의 문제점1

운 그래프나 표로 가공하는 작업을 시작하는 경우가 많기 때문입니다. 우연히 생각해 낸 방법으로 가공하기 때문에 거기에서 찾아낸 것도 우연한 결과물이라고 보았기 때문입니다.

하지만, 당초에 해결하고 싶었던 문제에 필요한 가설이 '우연히 발견한 데이터'보다 바깥에 존재하는 '실제로 일어나고 있는 일, 현실'의 범위였다면 어떻게 될까요? 가장 작은 타원 안의 정보만으로 문제를 정말 해결할 수 있을까요? 아마도 불가능할 것입니다. 저는 실무 현장에서 이러한 상황이 발생하는 경우(문제를 해결하지 못하는 경우)를 자주 접해 왔습니다.

데이터와 같은 정보를 분석한다는 것은 수많은 정보 속에서 핵심을 찾아내는 것과 같습니다. 따라서 생각의 관점을 넓은 곳에서 좁은 곳으로, 많은 곳에서 적은 곳으로, 큰 곳에서 작은 곳

일 잘하는 사람은 가설부터 잘 세웁니다

으로 수렴되고 수습되는 방향으로 나아갑니다.

한편으로 가설을 세울 때 필요한 관점은 넓고, 많고, 큰 방향으로 **확산**하는 방향을 가짐으로써 폭넓게 빠짐없는 다양한 가설을 만들어 낼 수 있게 되는 것입니다.

수렴과 확산은 완전히 반대 방향입니다. 그림 1-7에서는 왼쪽에서 오른쪽으로 향해서 결론을 도출하는 프로세스를 간략하게 표현한 것입니다. 각 상자의 세로 길이가 시야와 생각의 범위의 넓이를 나타냅니다. 윗부분을 보면, 눈앞에 놓인 (손에 쥔) 데이터와 같은 정보를 보는 것부터 시작하고 있습니다. 여기에서 발견한 내용으로 가설을 만듭니다. 모든 정보를 알 수는 없

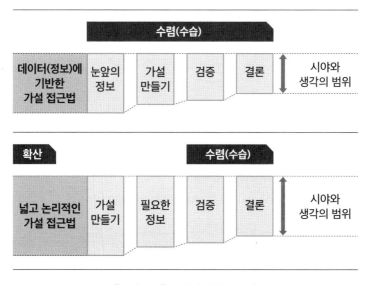

[그림 1-7] 두 가지 가설 접근법

기 때문에 여기에서 얻어진 가설의 범위는 원래의 정보의 범위보다 좁아집니다. 시작 시점에서 가지고 있는 정보의 범위만을 의식하게 되고, 나아가 그곳에서부터 수렴되기 시작합니다.

모든 가설을 검증할 수 있는 정보를 손에 넣을 수는 없겠지만, 원래부터 내가 가지고 있던 정보에 기반한 가설이므로 검증하기 위한 정보는 대체적으로 마련되어 있습니다. 이 때문에 여기에서 시야가 좁아지는 것은 제한적입니다. 그리고, 그 결과에 기반한 결론이 도출됩니다. 그림 윗부분에서 확인할 수 있듯이, 마지막 결론이 도출되는 범위는 가장 왼쪽의 상자의 높이(눈앞의 정보)에 의하여 제한되게 됩니다.

아랫부분의 접근법은 이와는 대조적입니다. 가장 왼쪽의 상자는 가설 작성입니다. 앞서 가설 작성에서 필요한 생각의 방향은 확산이라고 말씀드렸습니다. 이 때문에 눈앞의 데이터라는 정보에 구애받지 않고, 생각을 확산시켜 가설을 만드는 것이 바람직합니다. 그런 다음 오른쪽의 상자는 가설을 검증하기 위하여 필요한 정보를 수집합니다.

모든 가설을 검증할 수 있는 정보를 찾아내면 좋겠지만, 언제나 그렇게 할 수는 없으므로 손에 넣은 정보의 범위 내에서 검증 작업(세 번째 상자)을 시작합니다. 그리고, 결과를 가지고 최종적으로 결론에 도달하는 흐름입니다. 최종적인 결론에 이르기까지의 시야와 생각의 범위 차이를 비교해 보세요.

데이터에 기반한 가설을 만들고, 이를 검증한 결과에 기반하여 제안을 결론지었지만 아무런 성과를 내지 못했다

이러한 문제가 일어나는 이유가 무엇인지 이제 이해할 수 있으실 겁니다.

## 문제점2 ▶ 가설 검증의 의미가 퇴색된다

데이터와 같은 객관적 정보인 현상을 확인하였다고 가정합시다. 그 내용을 바탕으로 도출된 가설을 검증하면, 높은 확률로 가설은 올바르다는 결과로 이어질 것입니다. 그 이유는 간단합니다.

**즉, 처음부터 데이터에서 확인하고 시작하였기 때문입니다.** 물론, 데이터로 확인된 내용 자체를 그대로 가설이라고 하지는 않겠지만, 해당 데이터에서 파생된 내용을 가설로 하기 때문에 가설이 사실과 다를 가능성은 필연적으로 낮아집니다.

확인된 정보로부터 파생된 정도에 따라서도 다를 수 있지만, 한마디로 가설의 검증이라는 행위가 **이미 알고 있는 것을 확인하는 것**일 뿐 그다지 의미 없는 일이 될 가능성이 있습니다.

학계에서는 '결과가 판명한 뒤에 가설 만들기'를 가리켜 사회심리학자 노버트 커Norbert Kerr가 만들어 낸 'HARKing Hypothesizing After the Results are Known'이라는 용어로 부르기도 합니다. 데이터에

기반한 가설 작성이란, HARKing까지는 아니더라도 그에 가까운 것이라고 할 수 있겠습니다.

자신이 확인한 것, 본 것을 정당화하기 위해서 유리한 정보만을 한정적으로 긁어모으거나, '찾아보니 역시나 그랬습니다'라고 하고 싶은 유혹은 우리 주변에 언제나 숨어 있습니다.

특히 실무 현장에서는 제한된 시간 내에 게다가 주변에 파장을 일으키지 않는 결론을 내야만 하는 중압감 속에서 쓸데없는 것을 찾아보는 데 귀중한 시간을 써 버리거나, 생각하지도 못했던 부정적인 결과를 마주하는 일이 없도록 무의식적으로 유리한 정보만을 끌어다 모으는 유혹에 빠지기 십상입니다.

그렇게 되면, 결과적으로 형식적인 가설 검증을 하게 되어, 가치나 의미가 퇴색될 수밖에 없습니다. 여러분은 지금까지 이러한 경험은 없으셨나요?

## 가설 입안 원칙과 예외 케이스

여기까지의 설명에서 제가 생각하는 가설을 세울 때의 원칙은 데이터와 같은 정보를 보고 나서 가설을 세우지 않는 게 좋다는 것입니다. 그렇지만, 모든 사람들이 모든 경우에 이 원칙을 적용해야 한다고 생각하지 않습니다. 이 원칙을 적용하면 안 되는 케이스가 두 가지 있습니다.

**①요인 가설은 이미 데이터 검증 결과를 알고 있다**

그림 1-3에서 결론을 도출하기 위한 네 가지 STEP을 소개하였습니다. 이 중에서 STEP 3(요인 규명)에 이르기까지는 STEP 2(현상 파악)를 실행해야 합니다. 현상 파악을 위해서 가설에서 데이터 등을 통한 검증까지 한 차례 '가설 검증 프로세스'를 돌려보게 됩니다. 그리고, 그 결과로부터 요인 가설을 세우는 프로세스로 이어집니다. 즉, 요인 가설을 세울 때는 데이터로 객관적인 현상을 파악하고 나서 (데이터를 통해 알게 된 것에 기반하여) 가설을 만듭니다. 따라서 요인 가설을 만들기 전에 이미 데이터를 알게 됩니다. 다만, 요인 가설을 만들 때에도 더 넓게 '확산'하는 관점으로 생각하는 것의 중요성에는 변함이 없습니다.

**②초보자가 백지상태로 가설 작성을 고집하는 것**

처음으로 자기 생각의 폭을 넓혀가며 가설 만들기에 몰두하는 사람이나, 아직 경험이 부족한 사람들은 아무런 정보에 의존하지 않고 자력으로 가설을 구축하려고 하여도 첫걸음의 장벽이 너무 높아서 어찌할 바 모르는 상황에 빠지기 쉬운 것도 사실입니다. 아무리 이상이 높더라도 앞으로 나아갈 수 없다면 아무것도 시작하지 못합니다. 그래서, 특히 아직 백지상태부터의 가설 작성에 익숙하지 않은 분들에게는 다음과 같은 조언을 하고 있습니다.

도저히 첫걸음이 안 떨어지는 경우에는 데이터와 같은 정보를 확인하고, 거기에서 생각의 폭을 넓혀가면서 가설을 만들어도 괜찮습니다

다만, '**정보를 알게 되면, 해당 범위에 생각이 갇혀버리기 쉬우므로 그럴 때일수록 지금 보고 있는 정보 이외에도 시야를 넓히고, 생각을 확산시키는 것을 강하게 의식해 주세요**'라고 덧붙여 강조하고 있습니다. 이 점은 가장 처음 시작할 때 예외적으로 조언하는 점이지만, 어떤 과제라도 백지상태에서 가설 작성을 시작할 수 있는 능력을 키우시기를 바라는 마음에는 변함이 없습니다. 이를 정리하면 표 1-2와 같습니다.

표에서는 정보를 보고 난 뒤 가설을 만들 경우(윗부분)와 빈대의 경우(아랫부분)에서 각각의 가설 접근법에 대한 장단점을 정리한 것입니다.

지금까지 설명한 것처럼, 정보를 보기 전에 가설 만들기는 정보를 본 뒤의 가설 만들기와 비교하여, 더 높은 논리적 능력과 더 넓은 시야가 필요하고, 광범위한 내용의 가설을 만들어 낸 만큼, 검증 작업이 늘어난다는 단점이 있습니다. 하지만, 이러한 능력을 갈고닦을수록 장점이 커져서 단점을 상쇄하게 됩니다.

또한, 이 그림에 포함되지는 않았지만, 가설 작성에 익숙하지 않은 사람은 자신이 만든 가설이 언젠가는 목표로 삼아야 할 정답이 되고, 그것이 올바르다는 것을 증명하기 위하여 정보를 수

일 잘하는 사람은 가설부터 잘 세웁니다

|  | 장점 | 단점 |
|---|---|---|
| 정보 ↓ 가설 | 힌트나 아이디어를 얻을 수 있고, 가설을 생각해 내기 쉬움 | 눈앞의 정보 범위에 생각이 제한됨(따라서 합리적인 결론을 얻지 못할 가능성이 높아짐) |
| 가설 ↓ 정보 | 넓은 범위의 가설을 세워 더 합리적인 결론을 얻을 수 있음 | • 어느 정도 스킬이 필요 • 가설의 범위가 넓은 만큼, 검증 작업도 증가 |

l 표 1-2 l 두 가지 가설 접근법의 장점과 단점

집하고, 그 밖의 정보를 과소평가하는 상황을 가끔 보게 됩니다.

바꾸어 말하자면, '가설→정보'의 경우는 자신의 논증에 유리한 증거만을 선택하고, 이에 들어맞지 않는 증거를 숨기거나 무시하는 체리 피킹Cherry Picking[1]이라고도 불리는 행위가 일어나게 됩니다. 하지만, 이는 어떤 특별한 도구나 분석 방법론으로 해결할 수 있는 것이 아닙니다. 따라서, 가설을 만들 때 생각이 편협해지지 않도록 의식하고 항상 크리티컬 씽킹을 하려는 태도가 필요합니다.

---

1 역주: 수확기가 되어 잘 익은 체리만을 수확하는 행위에서 유래한 말입니다. 일반적으로 자신에게 불리한 사례나 자료를 숨기고, 유리한 정보만을 보여 주며 자신의 견해나 입장을 관철하는 편향적인 태도를 가리킵니다.

# 04

# 결국, 좋은 가설이
# 목표로 해야 하는 것이란?

## 가설의 망라성

그렇다면 결국, 좋은 가설이란 무엇일까요? 지금까지 설명한 내용에 더불어, 앞서 소개한 세미나와 연수를 수강한 사람들이 생각한 좋은 가설에서 언급한 부분을 더하여 생각해 보겠습니다. 그렇게 하면 **망라성**網羅性과 **논리성**論理性이라는 두 개의 키워드에 도달하게 됩니다.

여기서 망라성이란, 눈앞에 보이는 정보의 범위에 한정되지 않거나, 자신이 알고 있는 지식과 정보, 아이디어에만 집착하지 않고, 넓은 가능성을 고려한 빈틈이 없는 상태를 의미합니다.

로지컬 씽킹을 공부한 적이 있는 사람은 MECE Mutually Exclusive and Collectively Exhaustive, '미씨'라고 발음하며, 빠짐없고 중복이 없는 상태라는 단어를

| 키워드 | 다수의 세미나나 연수 수강자들이 생각한 좋은 가설의 일부 |
|---|---|
| **망라성** | • 모든 리스크를 고려한 가설<br>• 제한적이지 않으며, 다양한 전제와 조건을 고려한 가설 |
| **논리성** | • 해결 방향을 좁히기 위해서 유효한 가설<br>• 모두가 납득할 수 있는 가설<br>• 설명할 수 있는 가설<br>• 현실적이고 비약 없는 가설 |

I 표 1-3 I 망라성을 가진 가설과 논리성을 가진 가설

떠올릴 수도 있을 겁니다.

하지만, 여기에서의 망라성이란, 단순히 어떤 범위 속에서 빠짐이 없도록 한다는 의미에 머무르지 않고, 예상한 범위 자체가 좁아지지 않도록 대전제의 범위를 넓히는 발상까지를 포함합니다. 그런 의미에서는 자주 활용되는 MECE의 개념과 겹치는 부분이 있기는 하지만, 완전히 같지 않다는 점을 유의하여 주시기를 바랍니다.

그리고, 망라성이 결여되거나 충분하지 않은 채로 가설을 세우고, 가설을 검증한 결과로 결론을 만들면, 더 많은 경험이나 지식, 넓은 시야를 가진 상사나 임원, 고객으로부터 다음과 같은 피드백이 튀어나올 것입니다.

이 내용이 빠진 것 같은데요?

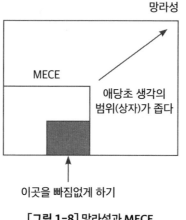

[그림 1-8] 망라성과 MECE

문제 해결이나 기획 제안을 검토하는 사람(상사나 임원, 고객 등)은 가설에 포함되지 않은 요소를 (자신의 경험 등으로) 눈치채고, 그것을 지적하는 것입니다. 아마도 많은 분들이 이런 피드백을 받아 본 경험이 있을 것입니다.

## 가설의 논리성

또 하나의 키워드는 **논리성**입니다. 이는 당연한 말이지만, 설정한 가설의 내용 자체에 논리성과 합리성이 없다면, 아무리 정확하게 검증한다고 하더라도 거기에서 얻는 결론에 논리성이 없다는 것은 말할 것도 없습니다. 스스로가 생각해 낸 아이디어와 생각을 부감하고 각각의 관계성과 위치 설정 등이 정리되지 않으면, 떠오른 아이디어를 조목조목 나열하는 메모밖에 할 수 없습니다.

이런 상태에서 이끌어 낸 결론을 제안하게 된다면, 분명 검토하는 사람에게 다음과 같은 피드백을 받게 될 것입니다.

그거 너무 즉흥적인 생각 아니야?

무슨 말을 하는지 잘 이해하지 못하겠어…

말도 안 되는 소리하고 있군!

그렇다면 애당초 이런 피드백을 받지 않기 위해서라도 최대한 논리성을 유지하기 위해서는 어떻게 하면 좋을까요? 이럴 때는 아이디어끼리의 **관계성**에 주목하는 것이 중요합니다. 아이디어끼리의 관계성을 **구조화**하는 것으로 가시화하고, 확인 또는 정리하거나 아이디어를 끼워 맞추고 이어 나가는 것이 가능하게 됩니다.

여기에서는 로지컬 씽킹에서 자주 등장하는 **로직트리** 개념(테크닉)을 활용하는 것이 유효합니다. 실제로 어떻게 활용하는지는 제3장에서 설명하겠습니다. 또한, 이 장에서는 좋은 가설을 만들 때 필요한 단순히 로직트리를 조립하는 것만이 아닌 활용법에 대해서도 소개합니다.

또한 논리성에는 가설의 전체 구조뿐만 아니라, 앞서 소개한 결론에 이르기까지 전체 스토리나 프로세스(생각의 순서)도 포함됩니다. 프로세스를 무시하거나, 건너뛰면 전체의 논리성이 무너지게 됩니다. 그러므로 프로세스를 이해하고, 프로세스에 따르는 것은 매우 중요합니다.

여기에서는 그림 1-9에서 제시한 배가 아프다는 상황을 문제 해결 프로세스의 예로 들어 중요성을 재차 확인해 두기로 합시다. 먼저 해결해야 할 문제(난처한 일)를 설정합니다. 여기에서는 '배가 아픈 것을 치료한다'입니다. 다음으로 의사가 어디가 아픈지, 문제 되는 부분을 진찰하여 요인을 상세하게 좁혀 나갑니다. 이때 의사는 '아픈 곳에 따라 원인과 대책이 다를 것'이라는 가설(현상 가설)을 가지고, 진찰할 곳을 밝혀내고 있다는 점을

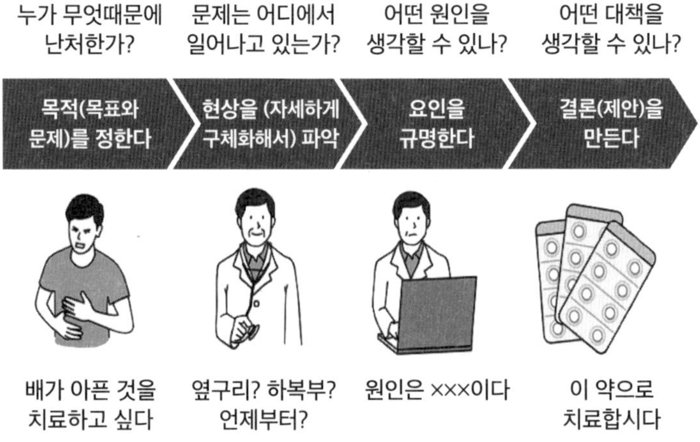

| 누가 무엇때문에 난처한가? | 문제는 어디에서 일어나고 있는가? | 어떤 원인을 생각할 수 있나? | 어떤 대책을 생각할 수 있나? |
|---|---|---|---|
| 목적(목표와 문제)를 정한다 | 현상을 (자세하게 구체화해서) 파악 | 요인을 규명한다 | 결론(제안)을 만든다 |
| 배가 아픈 것을 치료하고 싶다 | 옆구리? 하복부? 언제부터? | 원인은 ×××이다 | 이 약으로 치료합시다 |

[그림 1-9] '배가 아프다'는 문제 해결 프로세스

일 잘하는 사람은 가설부터 잘 세웁니다

아서야 합니다.

아픈 곳을 구체적으로 좁힌 결과, 의사가 '여기가 아프다면 원인은 ×××이겠군'이라는 가설(요인 가설)을 세우고, 요인을 찾아내는 작업을 진행합니다. 방사선 촬영을 하거나, 세균 검사, CT와 같은 방법을 세운 가설에 따라 사용합니다. 그리고, 찾아낸 요인에 대하여, 적절한 치료와 처방전을 최종적인 결론, 대책으로 제시하게 되는 것입니다.

만약, 이 순서를 뒤바꾸거나 어딘가를 건너뛰면, 어떻게 될지 상상할 수 있겠지요. 아마도 적절한 처방을 받지 못할 가능성이 높을 것입니다. 이렇듯 가설이란 **뭐든지 떠오른 대로 생각을 말하면 된다**는 것과는 전혀 다르다는 것을 이해하게 되었으리라 생각합니다. 동시에 목표로 해야 할 좋은 가설이란 어떠한 것인지에 대해서도 이해하였을 것입니다.

다만, 이해하는 것과 할 줄 아는 것의 사이에는 여전히 큰 갭이 있으므로 이를 가능한 한 메우기 위한 생각법과 테크닉을 제3장에서 소개합니다.

# 제2장

( ✦ )

# 목표 없는 가설은
# 의미도 없다
## – 목표의 정의

## 05

# 가설 작성을 하기 전에
# 해야 할 일

## 여정표 완성에 필요한 것

가설 작성에 대한 설명을 시작하기에 앞서, '이걸 빼놓고 가설 작성을 시작할 수 없는' 포인트가 있습니다. 저는 가설 작성을 여행을 떠나기 전에 작성하는 여정표에 빗대어 설명할 때가 종종 있습니다. 내용은 다음과 같습니다. 여러분도 가설 구축 실천 세미나를 수강하는 사람 중 한 명이라고 상상하면서 생각해 봅시다.

여러분이 직접 휴가의 여행 계획을 세운다고 생각해 봅시다. 아무런 계획도 없이 갑자기 집을 나서는 사람은 없을 것입니다. 그렇다면, 집을 나서기 전에 여러분은 먼저 무엇을 생각하고 결정하나요? 우선은 '목적지'일 것입니다. 이른바 여행의 최종 목표인 셈이죠.

하지만, 목적지라고 하더라도 '도호쿠東北 지방²'이나 '규슈九州 지방³'처럼 대충 결정하는 사람은 없을 것입니다. 이것만으로는 구체적으로 어디를 향해야 할지를 결정할 수 없기 때문입니다.

실제로 여행을 떠나기 위해서는 적어도 목적지를 설정할 때 '도호쿠 지방의 XX현 XX시에 있는 ○○온천의 △△료칸'이라는 구체적인 내용이 필요합니다. 그리고, 구체적인 목적지가 '골GOAL'이 되는 것입니다.

여기에 다음으로 목적지(목표)에 도달하기 위해서 어떤 경로나 수단으로 갈 것인지를 결정합니다. 예를 들어, '집에서 가장 가까운 □□ 역에서 일반 열차를 타고 XX 역까지 가서, 고속 철도로 갈아탄 다음 YY 역에 내려서, ○○온천까지는 버스를 탄 다음, 정류장에 내려서 도보 15분'과 같은 느낌일 것입니다.

어쩌면, 목적지로 가는 방법은 이 밖에도 두 번째, 세 번째 선택지가 있을 수 있습니다. 이쯤에서 눈치를 채셨나요? 지금 생각한 경로나 이동 수단이 목적지에 도달하기 위한 '가설'과 같은 것입니다.

목적지까지의 전체 이동 경로가 스토리 가설이며, 중간중간 각각의 교통 수단(몇 시에 출발하는 어떤 교통수단을 어디까지 타고 갈 것인가 등)을 계획하는 것이 현상 가설과 요인 가설에 해당하는 것입니다.

---

2 역주: 일본 혼슈(本州)의 동북 지역에 위치합니다. 비교적 인구가 많은 미야기(宮城)현을 중심으로 아오모리(青森)현, 이와테(岩手)현, 후쿠시마(福島)현 등 6개의 현으로 구성됩니다.
3 역주: 일본 혼슈 아래에 위치하는 큰 섬입니다. 후쿠오카(福岡)현, 나가사키(長崎)현, 미야자키(宮崎)현, 구마모토(熊本)현 등 7개의 현으로 구성됩니다.

일 잘하는 사람은 가설부터 잘 세웁니다

[그림 2-1] 여정표와 목표, 가설과의 관계

## 구체적이지 않은 목표로는 가설도 만들 수 없다

먼저 목적지(목표)를 구체적으로 정하지 않으면, 가설(수단 설정) 자체를 만들 수 없습니다. 얼렁뚱땅 가설을 만들고 출발하면 어디로 도착해야 할지 알지 못한 채 헤매게 되거나, 계획 없이 닥치는 대로 진행하면서 목적지에 도착할 수도 있기 때문입니다.

여러분은 문제 해결이나 기획 제안을 할 때, 목적지를 적절하게 설정하고 무엇을 사용해서 무엇을 할지 생각한 적이 있나요? 그리고, 목적지를 적절하게 설정하기 위해서는 무엇이 필요하다고 생각하나요? 이에 대해서는 다음 절에서 설명하겠습니다.

# 06

# 어떤 목표를
# 설정할 것인가?

## 목표의 내용

목표의 내용을 구체적으로 나누어 보면, 문제 해결인 경우에는
(해결해야 할) 문제이며, 기획 제안의 경우라면 (달성하고 싶은)
목적으로 바꾸어 쓸 수가 있습니다.

그렇다면, 이러한 목표를 어떻게 정하면 좋을까요? 회사원이

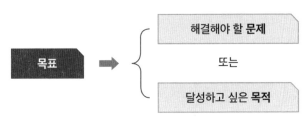

[그림 2-2] 목표의 두 가지 측면

일 잘하는 사람은 가설부터 잘 세웁니다

라면 상사로부터 무턱대고 지시가 내려오는 경험을 한 적도 있을 것입니다. 어디엔가 목표가 존재한다는 것을 전제로 이를 열심히 찾는 것은 부디 하지 않았으면 합니다.

가끔 '이제부터 데이터를 확인해 보겠습니다'라고 말하는 사람이 있습니다. 매일매일 업무상 데이터를 그래프로 만들거나, 분석하면서 스스로 목표를 찾으려고 하는 행위는 '데이터를 활용한 과제 발견'처럼 언뜻 그럴싸하게 보일 수 있지만, 그렇게 해서는 안 됩니다.

이런 경우, 항상 시야에 들어온 제한적인 정보에서 깨닫게 된 것만이 목표로 설정되고, 가설 역시 수집한 정보 안에서 발견한 내용으로 만드는 일련의 프로세스에서 **닥치는 대로 진행한 가설과 결과밖에는 얻을 수 없기 때문**입니다. 즉, 좋은 가설의 조건인 망라성도 논리성도 만족하지 못하는 상태가 되는 것입니다.

## 목표를 설정할 때 필요한 마음가짐

목표를 설정할 때 필요한 것은 **나 스스로 결정한다**는 마음가짐입니다.

하지만 세미나나 연수 중에 '여러분이 자신의 업무에서 해결하고 싶은 문제나 달성하고 싶은 목적, 이른바 목표는 구체적으로 무엇인가요?'라고 질문을 던지면, 마치 '그런 건 생각해 본 적이 없어요'라고 말할 것처럼 제 눈을 피하는 사람들도 적지 않습니다. 만약에 이런 상태로 정보 수집을 시작하거나, 데이터를 사용한 분석이나 프레젠테이션 자료 작성과 같은 작업을 진행하게 된다면 상황은 더 심각해집니다(하지만, 실제로는 자주 있는 일입니다).

앞서 여행의 예에서 말하자면, (충분히 구체적인 수준으로) 목적지를 결정하지 않았음에도 일단 집에서 출발하여, 눈앞에 도착한 전철에 올라타 버린 것과 같은 상황입니다.

그 사람에게 '지금 어디로 가시나요?'라고 목적지(목표)에 대하여 물어보면, 분명 '아마 이 전차의 종점 아닐까요?'라는 대답이 돌아올 것입니다. 이렇게 해서는 아무것도 실현되지 않으며, 아무것도 해결할 수 없습니다. 하지만, 이와 같은 일이 많은 직

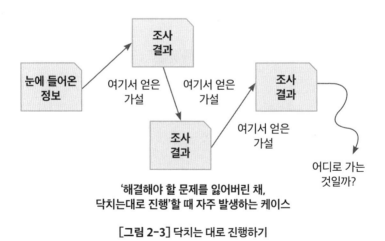

**'해결해야 할 문제를 잃어버린 채,
닥치는대로 진행'할 때 자주 발생하는 케이스**

[그림 2-3] 닥치는 대로 진행하기

장에서 벌어지고 있습니다.

만약, 자신이 현재 집중하고 있는 업무의 목표나 해결하고 싶은 문제를 스스로 인식하지 못하고 있다면, 애당초 문제 해결과 기획 제안 그리고 가설을 세우는 것 모두가 필요 없다고도 할 수 있습니다.

이는 어떠한 의미로는 풀어야 할 치명적인 문제가 존재하지 않는 이상적인 상황에 있다고도 할 수 있지만, 문제 해결이나 기획 제안, 그중에서 가설 작성까지의 모든 것이 목표를 달성하기 위한 수단일 뿐입니다. 이를 사용하는 것을 목적화하게 되면 주객전도가 일어납니다.

해결해야 할 과제나 목표를 타인에게 받아서 이를 수동적으로 수행하는 것이 당연하게 습관화되면, 이러한 (밖에서 찾는) 발상에 물들어 버릴지도 모릅니다. 하지만, 이런 수동적인 생각으로는 스스로 정답을 만들어가는 접근법이 필수인 가설 작성에 치명적일 수도 있습니다.

여러분의 목표는 어딘가에 쓰여 있거나, 데이터에 파묻혀 있는 것이 아닙니다. 항상 스스로 목표를 설정한다는 마음가짐을 가집시다. 내가 가고 싶은 여행지 정도는 타인의 추천이 아닌, 내 스스로 결정하는 것도 괜찮지 않을까요?

# 07

# 바람직한 목표 설정에 필요한 포인트

## 내용의 구체성

가설 작성의 품질을 결정짓는 목표 설정을 보다 잘하기 위해서
는 어떤 점에 주의하면 좋을까요? 우선 가장 처음 생각해야 할
포인트는 목표한 **내용의 구체성**입니다.

목표로 하는 내용이 구체적일수록 목적지가 명확하게 정해지
고 가설도 구체적으로 세우기 쉬워지며, 가설을 검증하기 위해
서 필요한 정보를 밝혀내는 것도 쉬워집니다. 당연히 전체적으
로 논리적인 스토리의 흐름도 처음부터 끝까지 일관되게 진행
할 수 있습니다.

앞서 여행으로 예를 들었던 행선지(목표)를 '도호쿠 지방'으로
설정한 것만으로는 여정 전체가 두루뭉술해지는 것을 알아챘을

것입니다. 여정을 '△△료칸' 수준까지 구체화하지 않으면 도착할 수 없기 때문입니다. 여기에서는 문제 해결 케이스에서 목표의 설정, 이른바 문제 설정에 초점을 맞추어 목표의 구체성에 대하여 생각해 보도록 하겠습니다.

예를 들어, 지방 자치 단체의 해결 과제로 자주 언급되는 것 중의 하나는 다음과 같은 것입니다.

**지방의 인구 감소를 해결(개선 또는 완화)하고 싶다**

물론 이러한 과제를 설정하는 것 자체는 틀린 점이 없습니다. 하지만, 이대로 현상 파악이나 요인을 규명하는 프로세스로 넘어가면, 구체적인 결론을 도출하기가 그리 쉽지 않을 것 같습니다. 왜 그럴까요?

문제라는 말을 들었을 때, 일단 스스로에게 질문하면 좋은 것은 '**누가 무엇 때문에 곤란한가?**'입니다. 이를 통하여 문제를 보다 구체적으로 인식할 수 있기 때문입니다.

앞서 예를 든 인구 감소라는 단어만으로는 '도대체 누가 어떤 어려움을 겪고 있는지'와 같은 난처한 일은 알 도리가 없습니다. 정의한 문제를 보더라도 난처한 일이 무엇인지를 알 수 없는 시점에서 여전히 문제는 막연한 상태이기 때문에 이미 길을 잃어버린 상태에 빠졌다고도 할 수 있습니다.

인구 감소로 인하여 난처한 일의 구체적인 예로는 다음과 같은 것을 생각할 수 있습니다.

- 시민 입장: 공공 교통 수단이 줄었다
- 지자체 입장: 세금 수입이 줄었다
- 지역 사회 입장: 커뮤니티를 짊어질 사람이 줄었다

이를 통하여 누가 어떤 어려움을 겪고 있는지의 질문에 대한 답을 얻을 수 있게 되었습니다. 그렇다면, 앞서 열거한 예시 또는 몇 가지를 조합하여 더 구체적인 문제로 정의하는 것도 선택지가 될 수 있습니다. 게다가 누가 어떤 어려움을 겪고 있는지의 질문을 반복하면서 깊게 파고들어 보는 것도 가능합니다. 이처럼 구체성을 강화하는 과정을 **해상도를 높인다**고 표현하기도 합니다.

이처럼 누가를 주어로 다양하게 생각을 펼치는 것에는 장점이 하나 더 있습니다. 같은 현상(예를 들어, 인구 감소)일지라도 이를 다른 입장에서 바라보면, 동일한 난처함을 겪고 있지 않을 수도 있습니다. 앞선 예에서는 시민, 행정 기관, 지역으로 주어를 바꾸어 보면서 각기 다른 문제가 있다는 것을 알게 되었습니다.

그리고, 다른 입장에 있는 사람은 '진짜 문제는 그게 아니야'라고 생각할 가능성도 있습니다. 따라서 같은 현상에 대하여 주

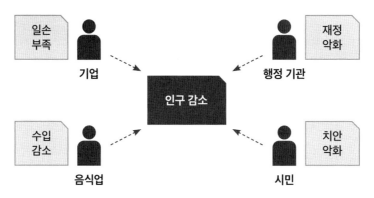

**[그림 2-4] 누가 어떤 어려움을 겪고 있는지**

어를 바꾸어 가면서, 해당 '주어 입장에서 문제가 어떻게 보이는 지'를 생각하다 보면, 다른 문제와의 연관성도 발견하는 등 발견이 이어지면서 더욱 다각적으로 문제를 파악할 수 있게 되는 것입니다.

한편, 주의해야 할 것은 **해상도를 높이는 것으로 문제의 구체화가 진행되지만, 그만큼 목표로 하는 문제의 범위는 좁아진다**는 점입니다.

예를 들어, 인구 감소라고 하는 문제를 정의한 경우, 문제로 인식해야 할 범위는 매우 광범위합니다. 경제적인 문제가 있을 수 있고, 고령자와 관련된 문제도 있을 것이며, 아동 문제도 있고, 나아가 공공 인프라나 커뮤니티 문제와 같은 다양한 문제를 포함하고 있을 것입니다.

해상도를 올려 대중교통 수단이라는 문제에 포커스하여 정의

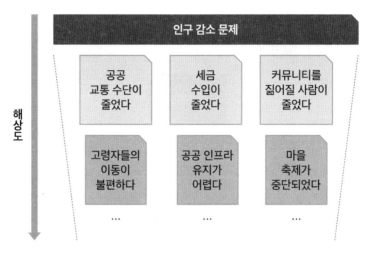

[그림 2-5] 문제의 해상도와 구조

한 경우에는 대중교통 수단이라는 문제를 해결하더라도 그것만
으로는 상위에 있던 인구 감소라는 문제는 아마도 해결되지 않
을 것입니다. 대중교통 수단의 문제는 인구 감소 문제의 일부이
기 때문입니다.

비슷한 접근 방식으로 기획 제안을 할 때의 목표 설정을 생각
해 볼 수 있습니다. 기업을 위한 데이터 활용 프로젝트나 워크
숍을 실시하면, 다음과 같은 목표 설정을 종종 접하는 경우가 있
습니다.

A라는 제품의 매출을 올리고 싶다

　일 잘하는 사람은 가설부터 잘 세웁니다

이러한 목표 설정 자체는 틀린 점이 없지만, 아마도 기획 제안서를 완성하기까지는 아주 힘들 것입니다. 왜 그럴까요? 앞서 인구 감소라는 문제에 빗대어 생각해 봅시다. 매출을 올리기 위해서는 다양한 요소가 폭넓게 관여합니다.

제품에 관한 요소를 들여다보면, 예를 들어, 사용법이나 가격, 디자인, 브랜드 중 어느 하나라도 개선만 된다면 매출이 올라갈 것 같습니다. 생산에 관한 요소에서도 납기 지연 빈도, 불량품 수와 빈도, 기간 등을 개선하면 매출 향상에 도움이 될지도 모릅니다.

이 밖에도 영업, 광고, 프로모션이나 경쟁사 동향 등 생각해 낼 수 있는 요소가 계속 등장합니다. 이를 모두 늘어놓고 어떤 것을 개선하는 게 가장 비용 대비 효과가 높을지를 분석하면, 최종적으로 분명 '훌륭한 제안'이 완성될 것만 같습니다.

하지만, 그 과정은 무척이나 길고도 험할 것만 같은 느낌이 듭니다. 제안서를 완성하기까지 얼마만큼의 시간이 허락될까요. 그리고, 결론을 뒷받침하기 위하여 필요한 데이터는 전부 손쉽게 확보할 수 있는 것인가요.

목표의 해상도를 올리고, 보다 익숙한 목표를 설정하는 것도 가능합니다. 예를 들어, 다음과 같은 목표는 어떨까요?

· 매출 향상을 위한 효과적인 시책을 제안한다

- 매출 향상을 위한 최적의 가격을 설정한다
- 매출 향상을 위한 최적의 영업팀을 편성한다

목표가 더 구체적이기 때문에 제안을 위한 구체적인 스토리나 가설을 세우기가 쉬워졌을 것입니다. 물론, 앞서 설명한 것처럼 개별 대책을 실행한다고 하더라도 그것만으로는 매출이 극적으로 향상되지 않을 수도 있고, 보다 효과적인 대책이 있을 수 있음에도 이를 발견하지 못할 가능성도 부정할 수 없습니다.

목표를 구체화함으로써 망라하는 범위가 좁아지는 상황은 인구 감소와 같은 문제도 마찬가지입니다. 하지만, 너무나 큰 목표를 설정함으로 인해서 답을 찾지 못하게 된다면 주객전도나 다름없습니다.

전문 컨설팅 회사에 의뢰할 정도의 대형 프로젝트 같은 목표와 실무자 개인 또는 팀에서 담당하는 목표의 해상도가 같을 수 없는 것은 당연한 말입니다. 또한 제가 세미나 또는 연수를 진행할 때 여기까지 이야기를 하면, 다음과 같은 질문을 종종 받습니다.

문제의 해상도를 올려서 복수의 구체적인 문제를 나열한 뒤, 그중에서 어떤 문제에 집중할지를 어떻게 판단해야 할까요? 특정 데이터를 비교하여 고르는 것이 좋을까요?

현실적이며 실천적인 아주 좋은 질문이라고 생각합니다. 크고 막연한 문제를 분해한 것까지는 좋았으나 그중에서 자의적으로 문제를 골라 버린다면, 본래 선택했어야 할 (영향력이나 중요도가 높은) 문제를 놓칠 위험이 있습니다.

이 점에서 해상도를 높인 뒤 예상 가능한 복수의 (더 구체적인) 문제에 대하여 데이터로 현상을 파악하고, 비교 평가를 하는 프로세스는 시간이나 데이터 같은 리소스가 허락하는 한 마련해 두는 것이 좋습니다. 그리고, 여기에는 또 하나 일러두고 싶은 점이 있습니다. 문제의 해상도를 높인다는 것은 사실 현상 파악 프로세스에 이미 들어와 있다는 것입니다. 말하자면, 보다 큰 문제를 어떤 돌파구를 찾아 해상도를 올리고, 더 구체적인 문제로 분해하고, 각각에 대하여 파악하는 행위는 현상 파악 자체이기 때문입니다(현상 파악에 대해서는 제3장에서 자세하게 설명하겠습니다).

이는 현상 파악을 객관적으로 실행하면서 동시에 적절한 목표 설정 수준을 파악한다는 점에서 단연코 올바른 것입니다. 또한, 이 행위를 엄격하게 STEP 1에서의 목표 설정과 STEP 2의 현상 파악 중 어딘지를 명확하게 구분할 필요도 없습니다. 이 정도 수준까지 문제의 해상도를 높이는 것이 반드시 정답이라고 할 수는 없지만, 앞서 설명한 것처럼 정의한 내용이 충분히 구체적이지 않으면, 목표가 모호해지고, 그 뒤로 설정하는 가설

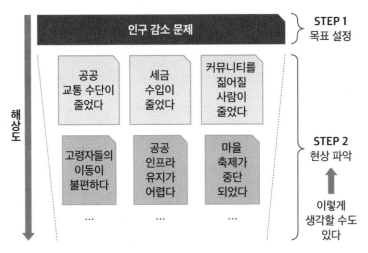

[그림 2-6] 목표 설정과 현상 파악

노 흐릿하고 부적절하기 쉬운 위험성을 충분히 의식해야만 합니다.

여러분은 스스로 문제의 해상도를 의식한 다음, '지금 내가 목표로 설정해야 하는 적절한 수준은 대략 이 정도'라는 것을 생각하는 프로세스를 넣어 두었으면 합니다. 또한, 이러한 예시를 설명할 때는 이를 이해하고 납득하는 사람은 많이 있지만, '그러면 스스로 해 보세요'라고 하면, 이내 사고가 멈추고 앞으로 나아가지 못하는 사람이 많은 것도 사실입니다.

'저는 올바른 구체성이 어느 정도인지 (어디까지 해상도를 높여야 할지) 알 수 없어서, 해상도를 높이는 능력을 가지고 있지 않기 때문에'라는 변명으로 손사래를 치는 사람이 많습니다.

일 잘하는 사람은 가설부터 잘 세웁니다

처음부터 반드시 올바르고 구체적인 수준의 해상도를 찾아낼 필요는 없습니다. 작업을 진행하면서 목표를 설정하기 위한 커뮤니케이션을 한다는 것을 전제로 두고 유연하게 노력하는 것을 추천합니다. 횟수를 거듭해 나가면서 목표 수준을 적절하게 설정하는 능력도 향상될 것입니다.

그럼, 다음으로 문제의 해상도를 높이는 연습을 해 봅시다.

**문제**

**공장의 제품 불량률이 올라갔다**

위 문제의 해상도를 높이고, 내용을 보다 구체적으로 정리하면, 어떤 문제의 정의를 생각해 낼 수 있을까요. 정답은 없습니다. '이러한 가능성이 있지 않을까?'라는 관점으로 생각해 봅시다.

**답변 예시**

- **회사 경영자 관점**: 생산 비용이 상승하고 있다
- **고객 관점**: 납품 지연이 발생하고 있다
- **종업원 관점**: 종업원의 야근이 늘어나고 있다 등

## 언어의 구체성

구체성의 문제는 목표의 내용 만으로 한정되는 것이 아닙니다.

기재된 하나하나의 **말이나 단어의 구체성**도 나중에 가설을 작성할 때 크게 영향을 미칩니다. 예를 들어, 인사부가 세운 다음 목표에 대하여, 무언가 이상한 점은 없을까요?

회사의 결근 문제를 해결하고 싶다

여기에 대한 대답을 생각하기 위하여 가장 처음 생각해야 할 가설, 이른바 현상 가설을 생각해 봅시다. 제3장에서 자세하게 설명하겠지만, 현상 가설이란, 현상을 파악하기 위해서 어떠한 정보를 긁어모아서, 이를 어떻게 이해할 것인가를 예상해 보는 것입니다.

그럼 '회사의 결근 문제…'를 놔둔 채 이 현상만을 데이터와 같은 정보를 모아서 확인하고 파악해 봅시다. 이런 경우에 여러분은 어떤 정보가 필요하다고 생각하시나요. 우선 결근 데이터 등이 제시될 것 같습니다. 그렇다면 결근 데이터는 구체적으로 어떤 것을 나타내는 데이터일까요.

- 결근하는 종업원 수
- 또는 결근이 계속된 날짜 수(기간)
- 또는 부서별 결근율
- 또는 결근 사유의 중대함

이처럼 결근 문제라는 말에서도 다양한 해석이 숨어 있다는 것을 알 수 있습니다.

언어의 해석이 모호한 채로 현상의 확인으로 넘어가게 되면, 그 현상이 도대체 무엇을 가리키는지를 알 수 없게 됩니다. 가설을 적절하게 세웠다고 하더라도 검증에 필요한 데이터나 정보를 규명하기도 어려워집니다.

언어의 해석이 모호하다는 사실을 깨달으면 좋겠지만, 많은 사람들은 해석을 건너뛴 채 자신이 제멋대로 (무의식적으로) 생각하는 결근이라는 단어의 정의만으로 이야기를 진행하기 쉽기 때문에 강하게 의식하고 주의할 필요가 있습니다.

이번 예시에서는 구체적으로 결근의 문제가 무엇인지를 명확하게 해 둘 필요가 있습니다. 이때에도 앞서 소개한 '누가 무엇 때문에 난처한가?'라는 질문은 유효합니다.

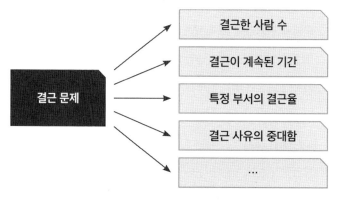

[그림 2-7] 단어의 정의는 구체적이고 명확하게

예를 들어, 부서 내에 결근자가 많아서 부서 업무가 지연되거나, 야근 시간이 비정상적으로 많은 등의 난처한 상황이 명확하다면, 먼저 이 결근 문제를 '(부서 업무 관점에서)업무 지연, 야근 과다'와 같이 정의하고 접근하는 것도 가능할 것입니다. 이때 현상 파악을 위한 지표는 '부서별 결근율'을 사용하면 좋습니다.

또한, 반드시 정의나 지표를 한 가지로 압축할 필요는 없습니다. 정의나 지표를 복수로 설정하여 다각적으로 문제를 정의하는 방법도 생각할 수 있습니다.

지금까지 목표의 내용과 언어의 구체성에 대하여 설명하였습니다. 이러한 구체성에 관하여 핵심을 놓치지 않기 위해서 제가 워크숍 같은 곳에서 조우하는 몇 가지 목표 설정의 사례를 들어 볼 테니, 이를 연습 문제 삼아 함께 생각해 보도록 합시다.

이미 여러분은 어디를 수정해야 하는지 아실 겁니다.


①지방의 '관광 진흥'에 대하여 의논하고 방향성을 정한다(기획 제안)

②'향토 산업의 활성화'에 대한 제안을 만들고 싶다(기획 제안)

③지방의 '아동의 빈곤 문제'라는 과제를 해결하고 싶다(문제 해결)

④유연한 업무 수행 방식을 도입하기 위하여 필요한 내용을 제안하고 싶다(기획 제안)


그럼 제가 생각하는 수정 포인트를 순서대로 소개합니다.

일 잘하는 사람은 가설부터 잘 세웁니다

**①지방의 '관광 진흥'에 대하여 의논하고 방향성을 정한다**

┉▸ '관광 진흥'이라는 단어가 의미하는 것이 여전히 모호합니다. 관광 진흥이란, 어떤 이의 시점에서 무엇을 실현해야 할지 더 구체적으로 정리할 필요가 있어 보입니다.

**②'향토 산업의 활성화'에 대한 제안을 만들고 싶다**

┉▸ '활성화'라는 단어가 눈에 들어옵니다. '활성화'된 상태가 구체적으로 어떤 것인지를 알지 못하면, 나아갈 방향도 보이지 않을 것입니다.

**③지방의 '아동의 빈곤 문제'라는 과제를 해결하고 싶다**

┉▸ '아동의 빈곤 문제'를 단어 그대로 해결해야 할 문제로 인식해도 괜찮겠지만, 범위가 매우 넓어서 모든 것을 한꺼번에 해결하기에는 쉽지 않아 보입니다. 따라서, 아동의 빈곤을 구체적으로 어디서 어떠한 문제가 발생하고 있는지, 보다 구체화하는 것이 좋을 것입니다.

**④유연한 업무 수행 방식을 도입하기 위하여 필요한 내용을 제안하고 싶다**

┉▸ '유연한 업무 수행 방식'이라는 내용 자체가 모호합니다. 여기에는 '근무 시간이 유연한지(이른바 유연 근무제)', '일하

는 장소를 유연하게 선택할 수 있는지', '고용 계약이 유연한지'와 같이 다양한 해석이 가능하므로 명확하게 정의할 필요가 있습니다.

대충 들은 단어를 모호한 채로 목표를 설정하게 되면, 중심이 흔들릴 수밖에 없다는 건 쉽게 상상할 수 있습니다.

## 왜를 뒤섞어놓지 않기

여기에서 한 번 더 문제 해결 프로세스를 확인해 둡시다. 이 절에서는 그림 2-8의 STEP 1 목표 설정에 대하여 설명하고 있습니다. STEP 2와 STEP 3는 현상이나 요인 가설을 세우고, 이를 검증하면서 확인해 갑니다.

하지만, STEP 1에서 설정한 목표 중에 STEP 1 뒤에서 확인해야 할 STEP 3의 요소(이른바 요인)가 뒤섞여 있을 때가 있습니다. 예를 들면, 다음과 같은 문제 해결(목표)가 있습니다.

영업팀의 경험 부족으로 매출이 부진하다

불만이 늘었기 때문에 업무 시간이 평소와 달리 길어졌다

관광지로서 매력이 없어서 이주자가 늘지 않는다

회사의 브랜드력이 낮아서 시장 점유율이 꼴찌에서 벗어나지 못한다

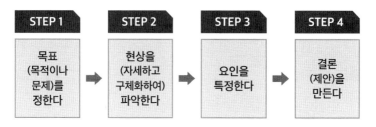

| STEP 1 | STEP 2 | STEP 3 | STEP 4 |
|---|---|---|---|
| 목표<br>(목적이나<br>문제)를<br>정한다 | 현상을<br>(자세하고<br>구체화하여)<br>파악한다 | 요인을<br>특정한다 | 결론<br>(제안)을<br>만든다 |

[그림 2-8] 문제 해결 또는 기획 제안 프로세스

전부 '~라는 이유로 ~라는 문제가 발생했다'라는 구조를 가지고 있습니다. '자신의 업무에 대한 문제점을 구체적으로 기술하시오'라고 질문하면, 반사적으로 튀어나오는 전형적인 사례입니다. 반사적으로 튀어나논다는 것은 그 내용이 각인되어 있다고도 해석할 수 있습니다. 말하자면, 해당 업무를 담당하고 있는 사람 또는 팀에게는 당연한 소리라고 생각하는 점들을 늘어놓을 가능성이 높다는 것입니다. 하지만 여기에서 필요로 하는 목표는 뒤에서 살펴보아야 할 '요인을 예상하는 가설'을 배제하고, 가능한 객관적이고 구체적인 난처한 일, 이른바 문제입니다.

앞선 사례로 말하자면, 밑줄 친 부분이 문제이며, 앞에서 설명하는 것들은 문제에 대하여 스스로 요인이라고 생각하고 있는 것일 뿐입니다. 문제를 정의할 때 중요한 것은 밑줄 친 부분만입니다. 그렇다면 왜 문제 속에 요인(의 가설)이 뒤섞여 있으면 안 될까요?

앞에서 설명한 것처럼 요인은 STEP 2에서 확인한 현상에 기초하여 STEP 3에서 가설을 세우고 그 가설을 데이터 등으로 검증한 뒤에야 처음으로 객관적으로 확인되는 것이기 때문입니다. 그러나, 최초 입구인 STEP 1에서 자신의 주관이나 고집에 의해 요인을 뒤섞으면 생각의 범위를 좁혀 버리게 됩니다.

예를 들어, '영업팀의 경험 부족으로 매출이 부진하다'라는 문장을 문제로 정의해 버리게 되면, 그 사람의 머릿속에서는 매출이 부진하다는 사실과 영업팀의 경험이 부족하다는 것이 항상 이어지는 바람에 STEP 2의 현상 파악에서는 아마도 매출 데이터와 영업팀의 경험 정도를 나타내는 데이터의 그래프가 등장하게 될 것입니다.

그런 다음, '자, 이 두 가지에는 관계성이 있어 보이지 않나요?'로 이어지고, 결론은 '영업팀에 경험이 풍부한 사원을 채용한다'에 도달할 수도 있다는 것을 쉽게 상상할 수 있습니다.

사실, 경험 부족 이외의 요인이 존재하고, 어쩌면 그것이 근본적인 요인일 수도 있지만, 이를 처음부터 생각의 '범위 밖'에 둘 위험성이 매우 높습니다. 게다가 골치 아픈 것은 업무 경험이 길고 업무에 정통한 사람일수록 스스로의 문제를 객관화하는 것이 어려운 것도 사실입니다. 그리고, 최초에 좁혀버린 요인만으로 검증을 하다 보면 무언가 문제와의 관련성이 발견되는 경우도 있기 때문에 해당 요인만으로 결론지어 버리게 되는

**[그림 2-9]** 요인이 뒤섞이면 프로세스 전체의 생각도 좁아진다

것입니다. 이렇게 되면, 본인의 노력과는 별개의 상황으로 결론이 완성되고, 제삼자로부터 '다른 요인이 존재하지 않을까'라는 지적을 받고 나서야 처음으로 잘못을 깨닫게 되는 것입니다.

이처럼 자신의 고집이나 주관을 깨닫고 스스로 떨쳐내는 것은 보통 쉽지 않은 일이지만, 적어도 **요인이 문제에 뒤섞이지 않았는지**에 대한 관점만큼은 항상 의식하면서 체크할 수 있을 것입니다. 이것만으로도 자신이 멋대로 생각한 요인을 배제할 수 있으므로 반드시 시도해 보시기 바랍니다. 그리고, 무언가를 누락하였더라도 제삼자에게 체크를 의뢰하고 피드백을 받는 것도 유효한 방법입니다.

## 목표를 설정한 뒤에 주의할 점

이번에는 목표를 설정할 때의 주의점보다 목표를 적절하게 설정했다고 하더라도 이후 작업을 진행할 때 조심해야 할 점을 설명하겠습니다. 예를 들어, 다음과 같은 것은 문제 해결이나 기획 제안 프로젝트를 진행하면서 비교적 쉽게 발생합니다.

**STEP 1에서 설정한 '목표'**

자사가 주최하는 이벤트에 더 많은 사람을 방문하게 하기

**STEP 2에서 확인한 '현상'**

이벤트에 온 사람은 20대에서 30대 여성 비율이 가장 높았음

**STEP 3에서 확인한 요인**

방문객 설문 결과에 의히면, 이벤트에서 실시한 게임의 만족도가 가장 높았음

**STEP 4에서 제시한 '결론'**

20대, 30대 여성을 중심으로 더 재미있는 게임을 고안하고 광고하기

어디에 문제가 있는지 알아채셨나요? 실은 다음과 같은 두 가지 문제가 있습니다.

**① 작업 중에 목표를 잊어버리고 말았다**

원래의 목표는 '더 많은 사람을 방문하게 하기'였지만, 이 제

안(결론)의 대상은 '이미 방문한 사람(20대, 30대 여성)'입니다. 더 많은 방문객을 유치하기 위해서는 아직 방문한 적이 없는 사람을 방문하게 할 필요가 있습니다.

이 때문에 최종적인 결론이나 제안 내용에는 적어도 '방문한 적이 없는 사람이 방문하기 위해서는 무엇이 필요한가?'에 대한 제안이 들어가지 않으면, 만족할 만한 목표를 달성할 수 없게 됩니다. 목표를 적절하게 달성하기 위해서는 방문하지 않은 사람에게 뭐가 있다면 방문할 의향이 생길지, 참가하지 않은 이유는 무엇인지와 같은 정보 수집이 STEP 3에서 필요하게 될 것입니다 (실제로 해당 정보를 수집하기는 쉽지 않은 과제라는 생각을 합니다).

### ② 제한적인 정보로 목표가 쉽게 바뀌어 버린다

언제부턴가 핵심 목표가 방문 및 집객에서 만족도로 뒤바뀌고 말았습니다. 이대로라면 이미 방문한 적이 있는 고객의 만족도를 더 올리기 위해서 무엇이 필요지에 대한 제안이 되고 맙니다.

언뜻 합리적인 제안 같아 보이므로 '그렇군'이라고 납득할 수도 있겠지만, 도호쿠 지방의 온천에 가려고 했던 것이 도중에 이즈伊豆 지방4의 온천으로 바뀌어 버리고, '어차피 같은 온천이니 괜찮겠지'라고 하는 것과 가까운 상태가 되고 만 것입니다.

---

4 역주: 일본 시즈오카(静岡)현 동부에 있는 반도이며, 온천 등 휴양지로 유명한 지역이다.

앞의 두 가지 문제는 제삼자가 냉정하고 객관적으로 살펴보면 쉽게 눈치챌 수 있지만, 작업을 하고 있는 본인은 줄곧 눈앞에 펼쳐지는 정보에 휘둘리게 되어 무의식중에 스스로가 목표를 움직여 버리기 쉽습니다.

목표 설정은 시작 시점에는 적절하게 완성되었지만, 그 시점에서 안심한 채로 작업이 시작되면, 어디론가 잊혀져 버리고 작업 내용에 몰두하다 보면 당초에 명확하게 설정한 목표에서 자신이 향하고 있는 방향에서 조금씩 벗어나고 있는 것조차 알아채지 못하는 상황이 빈발하게 됩니다.

당연한 말이지만 목표는 설정하면 끝이 아니라, 결론에 도달할 때까지의 모든 과정에서 수시로 다음과 같이 체크할 것을 추천합니다.

그러고 보니 목표가 뭐였더라?

지금 내가 몰두하고 있는 작업 내용은 목표에 부합하는 것일까?

목표 체크를 게을리하였기 때문에 막대한 작업과 시간을 들여 결론을 완성한 다음에 타인의 지적을 받고 '전부 다시 작성하세요'라는 뼈아픈 상황을 많이 보았습니다.

물론, 작업 내용에 따라서 그것이 적절하다면 의도적으로 목표를 수정하는 것은 전혀 문제가 되지 않습니다. 확인 작업을

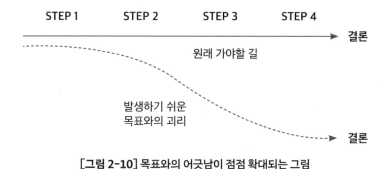

STEP 1　　STEP 2　　STEP 3　　STEP 4

결론

원래 가야할 길

발생하기 쉬운
목표와의 괴리

결론

**[그림 2-10] 목표와의 어긋남이 점점 확대되는 그림**

진행하는 과정에서 새롭게 발견되는 것도 사실입니다. 그때는 목표 수정이 자의적이 되거나, 필요 이상으로 자기 생각이 눈앞의 데이터에 좌지우지되거나, 편협해지지 않도록 충분히 주의해야 합니다.

# 제3장

# 좋은 가설을
# 만들기 위한 테크닉

# 08

# 가설 만들기
# 세 가지 요소

## 가설은 어떻게 만드는 것이 좋을까?

제1장에서 좋은 가설의 요소로 **망라성**(좁은 시야만으로 가설을 세우지 말 것)과 **논리성**(이치에 맞는 것) 두 가지에 대하여 설명하였습니다. 그렇다면, 좋은 가설에 조금이나마 다가갈 수 있도록 어떻게 가설을 세워 나가면 좋을까요? 이를 위해서 가설 만들기를 세 가지 요소로 나누어 생각해 보겠습니다. 세 가지 요소는 **①일단, 생각하기, ②정리하기, ③확장하기**입니다.

이 장에서는 가설 종류의 차이, 이른바 스토리 가설, 현상 가설, 요인 가설의 차이를 의식하지 않고, 모든 가설에 공통된 가설을 만들 때 필요한 세 가지 요소에 대하여 대략적으로 이해하도록 합시다.

세 가지 요소의 각각의 위치를 대강 이해하기 위해서, 다시 여정표 작성법을 떠올려 보기로 합시다.

여행 갈 곳이 구체적으로 결정되어 당신은 지금 그곳으로 가기 위한 여정을 생각 중입니다. 얼렁뚱땅 자신의 머릿속에서 일본 지도 같은 것을 떠올려 보거나, '일단 도쿄東京 역으로 가서 고속 열차를 타고 신오사카新大阪 역까지 가서…'와 같이 처음에는 두루뭉술하게 생각하게 될 것입니다.

이어서 신오사카 역에서는 일반 철도를 타야 하는데, 어떤 노선을 타고 어느 역까지 가면 좋을지를 인터넷에서 검색하면서 찾아보고 있을 수도 있습니다. 지금까지는 필요한 정보를 이것 저것 끌어모아 둔 상태이며, ①의 일단, 생각하기에 가까운 내용입니다.

그 뒤 료칸에 가기 위해서 버스를 타야 한다는 말을 들었다면 버스와 연결되도록 전철 시간을 조정할 것입니다. 그렇게 각각의 재료(부품)가 이어지고 정리되어 갈 것입니다. 이것이 ②의 정리하기에 해당합니다.

그렇지만, 일단 그럴싸하게 여정표를 완성하고는 안심하는

[그림 3-1] 가설 만들기 세 가지 요소

사람과 그렇지 않은 사람으로 나뉩니다. 만들어진 여정표 자체에 빠진 것은 없지만, 혹시나 더 경제적으로 더 편하게 료칸에 도달할 수 있는 방법이 있을 수도 있습니다(지금은 모르거나, 더 찾아보지 않았기 때문에).

나아가 생각의 폭을 넓혀 보는 것으로 더 괜찮은 여정표를 만들 가능성이 높아질 수도 있는 것입니다. 이것이 ③의 확장하기에 해당합니다.

그렇다면, 이 세 가지 요소를 하나하나 순서대로 설명하겠습니다.

## 일단, 생각하기

무엇보다 가설을 만들기 위한 재료(부품)가 필요합니다. 아무런 아이디어나 정보가 없다면, 가설을 만들어 낼 도리가 없습니다. 하지만, 가설을 구성하는 재료는 어디에서 가져오는 것이 좋을까요. 가설을 구성하는 재료는 다음과 같은 것에서 찾을 수 있을 것입니다.

- 자신의 아이디어, 영감, 착상
- 자신의 지식
- 자신의 경험

- 타인의 의견

- 데이터 등 찾아본 정보


　최종적으로 이를 사용할지 말지는 나중에 결정하더라도 재료가 많아서 나쁠 것은 없습니다. 많은 편이 쓸만한 선택지가 늘어나기 때문입니다. 장난감 블록이 많으면 많을수록 만들어 낼 수 있는 것의 선택지가 늘어나는 것과 같은 이치입니다.

　하지만, 여기서 조심해야 할 것은 아이디어를 모으기 위해서 찾아보거나, 분석하는 작업 중에 그 정보를 알게 되는 것으로, 도리어 필요 이상으로 자신의 생각이 굳어지지 않도록 할 필요가 있습니다.

　내가 찾아본 정보나 데이터는 어디까지나 전체에서 일부를 잘라낸 것이며, 이것들이 모든 것을 대표하지는 않을 것이라는 점을 강하게 의식하지 않으면, 이내 생각이 끌려다니게 되어 해당 정보나 데이터만을 바탕으로 한 생각 이외의 가능성을 떠올리지 못하게 됩니다.

　알게 된 정보 때문에 도리어 자신이 바라보는(생각하는) 범위가 쓸데없이 좁아지는 일은 정말 자주 일어납니다. 그리고, 내 스스로는 그러한 상황을 알아채기 어렵다는 점도 골칫거리입니다.

## 정리하기

떠오른 아이디어를 한 줄 한 줄 리스트업하는 것이 끝났습니다. 하지만, 만약 '매출이 떨어진' 문제에 대한 요인 가설로 아이디어를 30개, 40개나 리스트업했다고 칩시다.

이로써 정말 모든 요인을 망라하였는지, 비로소 떠오른 많은 아이디어는 서로가 어떤 관계를 가지는지 등은 단순히 아이디어를 나열하는 것만으로는 명확하게 파악하기가 어려울 것입니다.

그렇다면, 가설의 재료가 되는 각각의 도출 아이디어를 잘 정리하고, 전체상을 논리적으로 파악한 뒤, 나아가 좋은 가설을 만들기 위해서는 어떻게 해야 할까요?

여기에서는 **논리적**이라는 키워드에 주목할 필요가 있습니다. 즉, 로지컬한 생각이 도움이 됩니다.

[그림 3-2] 아이디어가 많을수록 전체상은 물론 디테일을 파악하기 어려워진다

여러분은 **로지컬 씽킹(논리적 사고)**에 대하여 공부한 적이 있으신가요? 일반적인 로지컬 씽킹의 스킬 중 하나로 정보를 논리적으로 정리하는 기술이 있습니다. 여기에는 다양한 기술이 있지만, 이들의 근간에 공통된 개념은 **구조화**입니다. 구조화란, 개별 정보의 **관계성**을 시각적으로 정리해서 명확하게 해 나가는 것입니다. 이를 위한 도구 중에는 **로직트리**라고 불리는 것이 있습니다. 논리적(로직)인 나무(트리)라는 뜻이겠지요.

로직트리를 모르는 사람이라도 처음 들어보는 영어 단어에 긴장하실 필요는 없습니다. 로직트리는 한마디로 정보를 계층적으로 늘어놓고 정리한 것입니다. 어려운 사전 지식이나 배움이 필요하지 않기 때문에 안심하셔도 됩니다. 로직트리를 가설 작성에 응용하는 구체적인 방법은 나중에 설명해 드리겠지만, 여기에서는 그림 3-3에서 로직트리의 일반적인 예시를 소개합니다.

이 그림은 상품 도착이 늦어진 요인, 즉 상품 도착 지연이라

[그림 3-3] 로직트리의 예시

일 잘하는 사람은 가설부터 잘 세웁니다

는 문제에 대한 요인 가설을 간단한 로직트리로 정리한 예시입니다. 먼저 배송 전(배송까지)과 배송 후의 카테고리로 가지를 나누고, 각 가지 안에 요인을 분해해서 정리하였습니다. 왼쪽에서 오른쪽으로 진행하면서 왜를 반복하는 구조라는 점에 주목해 주세요. 예를 들어, '상품 준비가 지연된 이유는 무엇인가?'라는 물음에 대하여 '연락 실수가 있었다', '생산이 지연되었다'와 같은 두 가지 요인이 제시되었습니다. 이른바 5 Whys 분석[5]의 흐름입니다.

반대로 오른쪽에서 왼쪽으로 진행하면 그래서나 따라서와 같은 관계로 이루어져 있습니다. 거꾸로 생각해 보면 연락 실수가 있었다 또는 생산 지연이 있었다 그래서 상품 준비가 지연되었다는 설명이 가능한 것입니다.

물론, 이 로직트리는 아직 개량, 확대할 여지가 있지만, 로직트리 또는 구조화란 어떤 것인지를 이해하셨을 것이라 생각합니다.

정리를 통하여 전체상을 파악하는 것, 바꾸어 말하면 각각의 정보(가설 아이디어)의 관계성을 정리한다는 것은 매우 중요합니다. 전체상(정보의 관계성)을 이해하지 못한다면, 많은 아이디어

---

**5** 역주: 도요타 자동차가 창안한 분석 방법으로 어떤 문제에 대하여 '왜(Why)'를 반복함으로써 진정한 원인을 파악하고, 문제 해결과 재발 방지를 목적으로 만들어졌습니다. 일본에서는 제조업을 비롯하여 다양한 산업에서 활용되고 있습니다.

를 나열한 뒤에 '여기서 더 부족한 것은 무엇인가'라는 가설을 폭넓게 생각하기가 어려워지기 때문입니다.

마지막 ③의 확장하기를 실현하고 망라성이라는 좋은 가설의 조건을 최대한 만족시키기 위해서라도 정리하는 프로세스는 빠질 수 없습니다.

## 확장하기

정보를 적절하게 정리하게 되면, 자신이 파악하고 있는 내용이나 범위를 확인할 수 있게 됩니다. 물론, 이것만으로 필요한 내용을 모두 망라할 수 있다면 문제가 없습니다. 다만, 일단은 띠오른 가설 아이디어를 내고 정리한 것일 뿐이므로 필요한 내용이 충분히 망라되는 것은 드문 일입니다. 이 때문에 일단 정리한 가설 아이디어를 바탕으로 처음에는 알아채지 못했던 범위까지 생각을 확장할 수 있도록 노력해 봅시다.

여기에서는 다음과 같이 생각의 폭을 넓히는 것을 목표로 하겠습니다.

자신이 알고 있는 범위

자신이 알지 못하는 (경험하지 못한) 범위

누구라도 자신이 가지고 있는(알고 있거나 알아본) 지식의 범위 내에서 생각하거나 아이디어를 정리하는 것은 그다지 어려운 일은 아닙니다. 하지만, 그것만으로 충분한 가설이라고 하기에는 충분하지 않은 케이스가 아주 많습니다. 이 때문에 다음과 같은 수준으로 생각을 넓히지 않으면, 충분한 가설이라고 하기 어렵습니다.

- 나는 경험한 적이 없다
- 나는 들은 적이 없다
- 나는 지식을 가지고 있지 않다

어떻게 하면 자신이 알지 못하는 범위까지 생각의 폭을 넓힐 수 있을까요? 이는 ②의 정리하기에서 만든 로직트리를 활용하여 생각의 폭을 넓힐 수 있습니다. 예를 들어, 그림 3-3처럼 떠

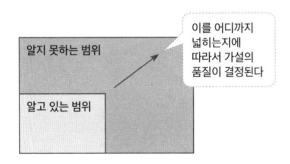

[그림 3-4] 알고 있는 범위에서 잘 모르는 범위로

오른 여섯 가지 아이디어(나뭇가지 오른쪽 끝의 상자)를 사용하여 로직트리로 정리한 것부터, 정리의 프레임을 넓히거나 분해하거나 하면서 다음 그림 3-5와 같이 다시 네 개의 아이디어(그림의 회색 항목)를 추가하는 것에 성공하였습니다.

그림 3-5는 어디까지나 생각의 폭을 넓힌 결과의 일례이지만, 이를 어떻게 실현할지에 대한 몇 가지 테크닉을 이 장에서 소개하도록 하겠습니다.

[그림 3-5] 정리의 프레임을 넓히고 분해하는 로직트리의 예시

일 잘하는 사람은 가설부터 잘 세웁니다

# 09

# 스토리 가설
## – 결론에는 무엇이 필요한가?

## 스토리 가설이란 무엇인가?

이제부터 문제 해결이나 기획 제안을 할 때 가장 처음에 고려해야 할 스토리 가설을 설명하겠습니다. 먼저 알아 두었으면 하는 점은, 앞서 소개한 로직트리와 같은 테크닉은 스토리 가설 만들기에서는 필요하지 않습니다(로직트리는 뒤에서 설명할 현상 가설이나 요인 가설을 만들 때 활용하는 것임을 주의하여 주세요).

처음에 생각할 스토리 가설이란, 제1장에서 설명한 문제 해결(또는 기획 제안) 프로세스(그림 3-6 참조)의 네 가지 STEP 중에서 STEP 1(목표 결정하기)이 필요합니다. 구체적으로는 목표를 설정한 뒤에 '목표에 도달하기 위하여 **유효한 결론에서 빠질 수 없는 요소**(정보)란 무엇인가?', '해당 요소는 어떤 프로세스로 수

| STEP 1 | STEP 2 | STEP 3 | STEP 4 |
|---|---|---|---|
| 목표<br>(목적이나<br>문제)를<br>정한다 | 현상을<br>(자세하고<br>구체화하여)<br>파악한다 | 요인을<br>특정한다 | 결론<br>(제안)을<br>만든다 |

스토리 가설은
STEP 1에서 작성

**[그림 3-6]** 문제 해결(기획 제안) 프로세스와 스토리 가설

집하고 확인해야 하는가?'와 같은 **전체의 흐름(스토리)을 사전에**
**예상해 두는 행위**(또는 전체 구조의 가설을 세우는 행위)입니다.

그렇다면, 유효한 결론에서 빠질 수 없는 요소란 무엇일까요?
조직 전체나 어떤 부서, 항상 함께 일하는 팀이든 간에 목표를 실
현하기 위해서 지금과 다른 상황을 만들어 낼 필요가 있습니다.
예를 들어, 매출이 떨어진 문제를 어떻게든 개선하려는 목표인
경우, 지금 상황을 그대로 유지하는 것만으로는 문제 해결은 물
론이거니와 상황이 더 악화될 수도 있습니다. 지금의 상황에 변
화를 일으키고 개선하는 방향으로 가져가기 위해서는 어떠한 **액**
**션**과 이를 액션으로 이어지게 하는 **판단**이 필요한 것일까요?

설정한 목표에 대하여 최종 책임자가 판단이나 액션을 실행
하기 위해서 필요한 정보가 유효한 결론에서 빠질 수 없는 요소
가 됩니다. 데이터 분석에 기반한 사업 제안 등과 같이 과거 매

일 잘하는 사람은 가설부터 잘 세웁니다

[그림 3-7] 변화를 일으키기 위하여 필요한 것

출 실적이나 시장 환경의 변화를 데이터로 구체적으로 제시하고 끝나는 경우를 자주 접합니다. 이를 제시하는 것으로 문제 제기나 정보 공유는 가능하겠지만, 그것만으로는 '아, 이대로는 좋지 않겠군요'라는 피드백밖에는 받을 수 없을 것입니다. 어떠한 판단이나 액션으로 연결되도록 하는 무언가가 필요합니다.

구체적으로 유효한 결론에서 빠질 수 없는 요소로는 다음과 같은 것을 들 수 있습니다. 우선, 각각 첫 번째, 두 번째 항목은 결론의 구체적인 내용, 세 번째 항목이 결론에서 도출되는 판단과 액션을 묻는 표현입니다.

- XXXX라는 사실이 분석을 통하여 판명되어, YYY라는 방침이 유효할 것이라 생각했다. 이를 진행해도 괜찮을 것인가?
- 대책으로는 A와 B라는 선택지가 있고, 이를 ○○이라는 기준으로 비교 평가하면 XXX이다. 어느 쪽을 선택해야 좋을 것인가?
- XXX라는 평가 기준으로 A에서 D까지 우선 순위를 매겼다. 이 순위로 대응하는 것으로 문제가 없나?

만약, 여러분 자신이 목표를 결정하는 의사 결정권자라면, 스스로 판단을 내리기 위해서는 어떤 정보가 있어야만 안심하고 합리적으로 판단할 수 있을까요? 또한, 의사 결정권자가 여러분의 상사 또는 본부장, 임원과 같은 입장인 사람이 있다면, 어떤 제안을 가져가야 그 자리에서 결단이나 지시를 내릴 수 있게 될까요? 그 내용을 구체적으로 생각해 보면, 자연스럽게 필요한 정보가 무엇인지 알아챌 수 있게 될 것입니다. 이를 바탕으로 스토리 가설이란 이런 필요한 정보를 어떻게 (어떤 재료를 사용하여, 어떤 순서로) 조립해야 하는지에 대해서도 상상해 봅시다.

말하자면, 행선지를 구체적으로 결정한 뒤에 그곳까지 도달하기 위한 이동 수단(무엇을 사용하여 어떤 순서로)을 결정한 여정표를 작성하는 작업 그 자체인 것입니다.

스토리 가설을 깊이 이해하기 위하여 몇 가지 구체적인 예를 살펴봅시다. 어떤 항목이든 스토리 가설로 결론의 내용 자체를 상상해 보는 것이 아닌, '결론으로써 최종적으로 무엇이 필요한가?'와 '이를 어떻게 도출할 것인가?'만을 생각하고 있다는 점에 주목할 필요가 있습니다.

스토리 가설은 성질상, 현상 가설과 요인 가설을 만들 때에 필요한 '일단, 생각하기→정리하기→확장하기'라는 순서와는 다른 발상이 필요합니다. 어디까지나 결론에 도달하는 스텝 전체의 흐름과 순서, 연결과 같은 것들의 논리적으로 생각해야 할 작업이기 때문입니다.

구체적으로는 결론에 가까운 곳(가장 가까운 것은 결론을 내기 위해서 필요한 정보는 무엇인가?)부터 생각하기 시작해서 점점 앞의 작업으로 거슬러 올라가는 순서로 생각하면 진행하기 수월할 것입니다.

## 스토리 가설을 어떻게 만들 것인가?

아래에서는 세 가지 사례를 제시하고 있습니다. 모든 사례에서 ④는 **결론을 내기 위해서 최종적으로 필요하다고 생각되는 내용**을 가장 처음에 생각해 두기로 합시다. 다음으로 **그것을 알기 위하여 필요한 것이란 무엇인가?** 스스로에게 물어보고, ③→②→①의 순서로 거슬러 올라갑니다. 나머지 케이스가 전부 4단계가 되지 않을 수도 있습니다. 더 복잡하거나 커다란 목표라면, 조사하는 단계가 더 세분화되기도 할 것입니다.

여정표를 만들 때, 출발 시점이나 출발 시간부터 작성하면, 최종 목적지에는 예상 시간까지 도착하지 못할 수 있으므로 목적지 도착 시간을 먼저 정한 뒤 언제까지 어떤 교통수단을 타야 하는지 목적지에 가까운 곳부터 찾아보는 순으로 출발지에 가까운 쪽으로 이어 나가는 것과 같은 발상입니다.

이 밖에도 다양한 스토리 가설의 선택지는 있을 것입니다. 확실하고, 정확한 사실에 따라 스토리를 써 나가는 것이 필요한 게 아닙니다. '이래저래 조사해 보니, 이 스토리는 성립하지 않는다'든지, '정보가 부족해서 검증할 수 없게 되었다'와 같은 일은 당연히 자주 발생합니다.

올바른지, 들어맞는지가 중요한 게 아니라, 도중에 흐름이 끊어지지 않는 스토리이며, 이를 확인하고 본인 나름의 결론을 내었다고 납득이 되는 스토리 가설을 생각해 보기로 합니다.

왜 스토리 가설이 문제 해결 프로세스 가장 앞의 STEP 1에서도 반드시 필요하고 중요할까요? 만약, 가장 처음 목표를 설정하는 STEP 1에서 스토리 가설이 없다면, 결론을 내기까지의 STEP 내용, 또는 STEP끼리의 연결 전부가 일단 생각나는 대로, 또는 닥치는 대로 진행하는 것이 되어 버리기 때문입니다.

원래부터 가설 접근법이란, 사전에 예상한 내용을 검증해 나가는 것이었습니다. 내가 결론을 어떻게 내려고 할 것인가, 이를 위해서는 무엇이 필요한지 알지 못한 채 정보 수집이나 분석 작업에 들어가게 되면, 작업에서 발견한 것만에 좌지우지되고, 최종적인 결론도 발견한 내용에 따라 뒤바뀌기도 하는 것입니다.

실제로도 이처럼 닥치는 대로 정보 수집부터 하거나, 분석 업무를 시작하는 사람도 적지 않습니다. 정보 수집부터라든지 작업부터 착수하려는 생각을 일단 리셋하는 것이 가설 접근법의 철칙입니다.

**목적: 광고 예산을 A와 B 중에서 어디에 더 사용할지 판단하기**

스토리 가설(결론을 내는 데 필요한 정보와 이를 어떻게 도출할지 예상):

①A, B 각각의 매출 실적과 이익을 조사하여 비교

②과거에 사용한 광고예산과 A, B 각각의 매출 변화의 차이를 조사

③A 또는 B에 광고 예산을 많이 사용한 경우, 각각 예상 매출과 이익을 계산

④중장기적인 판매 전략과의 정합성도 고려하면서 ③의 산출 결과에서 A 또는 B 중에서 우선순위를 제시

**목적: 최근 늘어난 고객 불만을 줄이고 싶다**

스토리 가설(결론을 내는 데 필요한 정보와 이를 어떻게 도출할지 예상):

①어느 서비스에 대하여 불만이 늘고 있는지 현상을 파악하고

②어떤 불만 내용이 많은지를 규명한 다음

③왜 이전과 비교하여 최근에 늘어났는지 요인을 규명하여

④어떤 대책(액션)이 필요한지를 제안

**목적: 다음 이벤트를 개최할 행사장 후보지 제안하기**

스토리 가설(결론을 내는 데 필요한 정보와 이를 어떻게 도출할지 예상):

① 행사장별로 조건을 어떻게 평가할 것인지 기준을 검토

②각 행사장 후보지에 대하여 해당 기준으로 평가 결과를 산출

③평가 기준이 다르다면, 이에 대한 평가도 실시

④각 평가 기준의 차이를 고려하여, 가장 적합한 행사장의 우선순위 제시

# 10

## 현상 가설
### - 어떻게 현상을 분해할 것인가?

## 현상 가설이란 무엇인가?

STEP 2에서의 현상 파악에 필요한 현상 가설(이 명칭은 필자가 고안한 것입니다)에 대하여 설명합니다. 예를 들어, 어떠한 문제를 해결해야 할 경우, 먼저 그 문제가 어떤 것인지를 가능한 한 정확하게 객관적으로 인식하고 있는지에 따라서 더욱 구체적이고 효과적이며 정확도가 높은 STEP 3에서의 요인 규명이 가능합니다.

'XXX 때문에 난처한 상황이야'라든지 'XXX라는 문제를 어떻게든 했으면 좋겠어'라는 대화를 일상 업무에서 종종 듣지만, 다음과 같은 질문을 하게 되면 굳어버리는 사람도 많습니다.

일 잘하는 사람은 가설부터 잘 세웁니다

- 난처한 상황이라는 게 객관적으로 어떤 일인가요?
- 난처하다는 사실은 어떻게 확인할 수 있나요?
- 그 문제란, 얼마나 심각한 것인가요?

자신의 일에 대한 문제임에도 불구하고, 많은 사람들은 어떤 문제를 전제하고 일을 하거나, 회사의 선배로부터 모든 고객은 항상 난처하다는 말을 한다는 등과 같이 주관적으로 문제를 이해하는 상황이 많습니다. 예를 들어, '지금까지 줄곧 매출이 좋았던 ○○커피의 매출이 떨어졌다'라는 문제의 해결을 목표로 설정하고, STEP 2의 현상 파악에서 이 문제를 객관적으로 파악해 보도록 하겠습니다.

아무런 가설도 없이 '일단 확인 작업'부터 들어갈 경우, 가령 해당 커피의 과거부터 현재까지의 매출 데이터를 모아서 그래프로 나타내는 것부터 시작하게 될 것입니다. 이런 경우, 그래프를 보고 '매출이 떨어지고 있다'라는 것은 확인할 수 있습니다.

하지만, 이 ○○커피를 전국적으로 유통하고 있다면, 전국의 총판매 실적에 의한 현상 파악으로 가장 적합한 것이라 할 수 있을까요? 어쩌면 간토 지방[6]과 간사이 지방[7]에서는 매출의 경향

---

**6** 역주: 일본의 행정 구분 중 하나이며, 가장 큰 섬인 혼슈(本州)의 동쪽 지역에 위치합니다. 수도인 도쿄(東京)도를 중심으로 지바(千葉)현, 가나가와(神奈川)현 등 6개 현으로 구성됩니다.

이나 실적이 크게 다를 수도 있습니다. 간토 지방의 매출은 유지되고 있지만, 간사이 지방의 매출만 격감하고 있을 가능성도 있을 수 있기 때문입니다.

이러한 차이가 다음 STEP 3에서의 요인 규명에 어떤 영향을 미치는지 살펴보기로 하겠습니다.

**현상 파악에서 확인한 것**
- (전국적으로) 매출이 떨어지고 있다
- 간사이 지방의 매출만 격감하고 있다

➡

**요인 규명에서 생각할 것**
- 왜 떨어지고 있을까?
- 간사이와 다른 지방의 차이는 무엇인가?

이 중 어느 쪽이 요인 규명에서 가설(요인 가설)을 세우기 쉽고, 또한 가설을 검증하기 쉽다고 생각하시나요? 후자(아랫단) 쪽이 문제를 구체적으로 살펴보고 있기 때문에 요인도 구체적으로 생각해 보기 쉽습니다. 문제나 현상을 막연하게만 파악하고 있다면, 그 안에서는 다음의 요인 가설을 세우는 데에 고생하게 됩니다.

제2장에서 해상도에 대하여 언급하였지만, 얼마나 적절하게 문제와 현상의 해상도를 높이는지가 요인 가설, 나아가 요인을

---

**7** 역주: 일본 혼슈의 서쪽 지역에 위치합니다. 대도시인 오사카(大阪)부, 교토(京都)부를 중심으로 효고(兵庫)현, 나라(奈良)현 등으로 구성되며, 간토 지방과 대칭되는 개념으로 사용됩니다.

일 잘하는 사람은 가설부터 잘 세웁니다

규명하는 데 옳고 그름을 좌우하게 됩니다.

## 좋은 현상 가설 만들기에 필요한 점

하지만, 닥치는 대로 눈앞의 데이터나 정보에서 확인한 것만으로 해상도를 올리는 현상이나 문제를 파악하는 것에는 어떠한 객관성과 합리성도 없습니다. 이에 더 논리적이고 망라성이 있는 (현상) 가설이 필요하게 됩니다.

앞서 매출 감소의 예에서는 지역이라 점에 착안하여 풀어나 갔습니다. 상품 내용이라 비즈니스 규모 등에 따라 달라지지만, 일반적으로는 다음과 같은 몇 가지 실마리를 들 수 있습니다.

- 점포별(각 지역이라는 실마리를 세분화한 것)
- 매출 발생 시점(월간, 주간, 일간 또는 시간대 등)
- 고객 속성(연령이나 성별, 연봉 테이블이나 직업, 취향 등)
- 상품 타입(연식이나 차, 가격대 등 상품을 더 그룹핑이 가능한 경우)

이러한 실마리(생각)는 매출에만 적용할 수 있는 것은 아닙니다. 저는 세미나나 연수를 할 때 수강자에게 다음과 같은 질문을 합니다.

현재 여러분이 업무상 떠안고 있는 문제의 해상도를 올리고, 객관적으로 확인하려고 할 때, 대상이 되는 문제는 어떤 실마리로 분해하면, 해상도가 더욱 효과적으로 올라갈 것이라 생각합니까?

이런 질문을 하면 '그런 생각은 해 본 적이 없다'라는 표정을 짓는 사람이 많고, 일상적으로 확인하거나 활용하는 데이터나 표, 그래프와 같은 것들을 머릿속에서 떠올리고 반사적으로 그중에서 정답을 찾으려 하는 사람들이 나타납니다.

몇 번이나 말씀드리지만, 이렇듯 일단 정보를 찾아보는 행위는 적절한 가설 접근법에 역행하는 발상입니다. 정보에 무엇이 쓰여 있는가가 아니라, 애당초 이 문제를 어떻게 분해할 것인가를 예상하는 것이 가설이라는 점을 명심하시기를 바랍니다.

이제 문제의 분해를 전제로 한 현상 가설을 만드는 테크닉 중 하나인 로직트리를 활용한 구조화를 활용해 봅시다. 그림 3-8은 문제를 어떤 실마리로 분해하고 구조화한 현상 가설의 로직트리를 나타낸 것입니다. 왼쪽에 있는 가장 큰 문제가 앞선 예시에서의 (전국의) 매출 감소라고 한다면, 예를 들어, 오른쪽의 첫째 층에서는 도호쿠 지방보다 북쪽 지방 매출, 간토 지방 매출, 간사이 지방보다 서쪽 지방 매출, 그 외 지방의 매출과 같은 넓은 지역을 기준으로 분해할 수 있습니다.

나아가 더 오른쪽의 둘째 층에서는 각 지방을 현縣 단위로 나

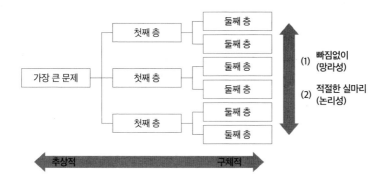

[그림 3-8] 현상 가설을 구조화하여 생각하기

누고 매출을 구분할 수도 있습니다. 물론, 더 나아가 하위 행정 구역이나 점포별로 나누어 셋째 층, 넷째 층으로 이어 나가는 것도 좋습니다. 어디까지 파헤쳐 나가는지도 가설의 일부입니다.

하지만, 번득 떠오른 생각만으로는 어디까지 깊게 파고들어야 할지, 대충 이 정도에서 마무리할지, 같은 느낌만으로 정해 버린다면 좋은 가설에 다가갈 수 없을 것입니다. 좋은 가설에 이르기 위해서 앞서 설명한 **망라성**과 **논리성**에 주목해 주시기를 바랍니다.

여기에서의 망라성이란 빈틈이 없거나 또는 적은 것을 의미합니다. 예를 들어, 둘째 층에서 지방 단위까지 분해하였을 때, 실제로는 어떤 지방에서는 매출이 있었음에도 불구하고 그 지방을 빠뜨리게 되면, 문제를 올바르게 파악할 수 없게 됩니다. '데이터를 빠뜨리지 않는 건 당연한 말이지'라고 생각하겠지만,

방심은 금물입니다. 예를 들어, 그림 3-9와 같은 경우가 있기 때문입니다.

그림 3-9는 고객의 연령대에 따라 매출을 구분한 것입니다. 언뜻 이것으로도 충분하다고 생각할 수 있겠지만, 어떤 문제가 도사리고 있을까요?

나의 머릿속에는 '주된 고객은 10대에서 60대까지'라는 인식이 있고, 그 범위 안에서 구분했다고 생각할 수밖에 없습니다. 10대 미만이나 70대 이상 고객을 무의식적으로 제외했다면, 현상을 올바르게 파악한다는 목적으로는 부적절합니다.

그리고, 또 한 가지 포인트인 논리성에 대해서도 설명하겠습니다. 현상을 인식할 때 필요한 논리성이란, 더욱 적절한 실마리로 분해해서 해상도를 높이는 것이라고 할 수 있습니다.

그렇다면, 무엇으로 더욱 적절하다고 생각하면 좋을까요. 이는 분해해서 해상도를 높인다는 목적을 다시 한번 생각해 보면

[그림 3-9] 방심하면 빈틈이 생기기 쉽다

일 잘하는 사람은 가설부터 잘 세웁니다

알 수 있습니다. 예를 들어, 일단 목표를 세우지 않고 매출을 동일본 지역의 매출과 서일본 지역의 매출이라는 넓은 지역을 기준으로 나눈다고 합시다.

결과적으로 동쪽과 서쪽 지역 간 매출에 별 차이가 없다고 한다면, 지역 차라고 하는 구분 기준은 매출이라는 결과에 대하여 거의 영향을 주지 못한다고 할 수 있습니다. 해상도를 높이는 목적은 분해하고 세세하게 살펴보는 것으로 문제를 더욱 구체화하는 데에 있습니다. 구분한 결과에 **다름**이나 **차이**가 없다면 구체화는 어렵습니다. 한 마디로 **더 적절한 실마리란, 가능한 한 큰 차이를 발견할 수 있는 것**이어야 합니다.

큰 차이가 생기면 생길수록 해당 실마리가 결과에 미치는 영향이 크다(의미가 있다)는 것을 나타내기 때문입니다. 아래 그림 3-10이라고 한다면, 왼쪽의 지역 구분보다는 오른쪽의 시기(분기별)라는 실마리 쪽이 가설로 우선되어야 합니다. 물론, 검증한 결과에서 최초 가설만큼의 차이가 없다면, 결과를 바탕으로 가설을 다시 한번 점검하고, 우선순위를 바꾸면 되는 것입니다(작업은 다소 번거롭지만).

게다가 논리성에 대하여 말하자면, 무턱대고 차이가 클 것 같은 실마리만을 생각하는 것이 아닌, 목적이나 목표에 맞는 실마리를 논리적으로 생각하는 것도 현상을 파악하는 데 효과적입니다. 예를 들어, 그림 3-11 왼쪽에서는 지역에 따른 고객 수에

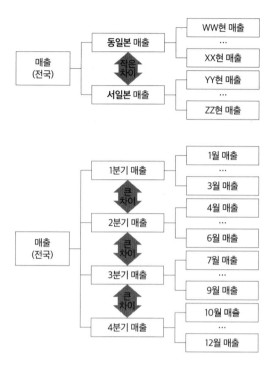

**[그림 3-10] 보다 큰 차이가 발생할 것 같은 실마리를 우선 배치**

차이가 있을 것이라고 가정하고 지역을 기준으로 구분하는 것
이 유효할 것이며, 한편으로 기존 고객의 현상 파악(분석)을 실
시하고 나서 어떻게 고객을 늘릴 것인가를 제안하는 것을 목표
로 할 경우에는 단골(재방문 고객)과 뜨내기손님(재방문하지 않는
고객)으로 나누어 고객 수를 파악해야 합니다. 그다음에, 각각
다른 대응을 하는 것이 목적이라면 오른쪽과 같은 구분이 더 바
람직하다고 할 수 있습니다.

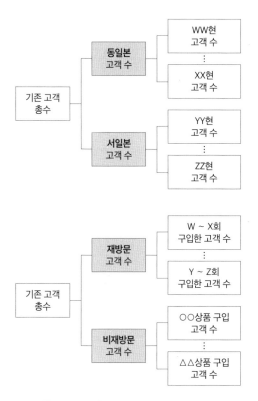

[그림 3-11] 목적에 맞는 구분이 중요

## 로직트리로 구조화할 때의 포인트

여기에서 로직트리로 구조화 작업을 할 때에 유용한 팁을 하나 소개합니다. 실제로 자신의 업무를 대상으로 이 작업을 해 보면, 그림 3-12처럼 동일한 내용의 가지가 복수(경우에 따라서는 다수) 만들어지는 경우가 발생하게 되어 당황하는 사람들이 있

[그림 3-12] 반복할수록 전체 구조가 비대해진다

습니다.

같은 내용이 반복되어 등장하는 것 자체는 잘못된 것이 아닙니다. 다만, 작업을 할 때 반복되는 양만큼, 전체 구조가 비대해져서, 나중에 데이터 등을 통하여 모든 내용을 검증하려면, 작업량이 늘어나는 단점이 있다는 것을 미리 염두에 두어야 할 것입니다.

따라서, 같은 내용의 반복이 필요 이상으로 발생한다고 느낀 경우에는 작업 효율 관점에서 가능한 다른 조합으로 다시 구조화해 보는 것도 좋습니다. 물론, 이 때문에 다른 중요한 사항을 놓치게 된다면 주객전도가 될 것입니다.

지금까지 설명한 내용으로 현상 가설을 만들 때 기억해 두어야 할 포인트를 정리하면 다음과 같습니다.


- 문제 등 현재 상황을 어떻게 확인할지 생각한다
- 상황을 가능한 구체적으로 확인하기 위하여 해상도를 높인다(=분해한다)
- 해상도를 높이기 위해서 어떤 기준으로 분해할지 가설을 세운다
- 큰 차이를 만들 수 있는 적절한 기준을 우선적으로 선택한다
- 목적이나 목표에 논리적으로 부합하는 기준을 우선한다


저의 연수나 세미나에서는 여기까지 천천히 설명한 다음, 다음과 같은 질문을 던져 봅니다.


평소 여러분이 업무에서 다루는 과제의 해상도를 올리고, 현상을 구체적으로 파악하고 싶다고 가정해 봅시다.

그때, 더 큰 차이를 파악할 수 있는 실마리 세 가지를 꼽아 보세요. 정답인지 아닌지는 신경 쓰지 않아도 됩니다. 가설이므로 나중에 검증하는 것이 전제입니다.


역시나 많은 사람들이 자신의 업무임에도 불구하고, 이때는 '음…'하며 입을 다물어 버립니다.

하지만 이야말로 현상을 파악하기 위한 현상 가설의 기본입니다. 이 과정을 거치지 않고 무턱대고 매번 사용하는 데이터의 구분법만으로 현상을 파악하려고 하더라도 여기에는 어떠한 가정이나 합리성이 없기 때문에 기존 정보만으로 모든 것이 좌우되고 맙니다. 여러분도 뜨끔하지 않으셨나요?

여기에서 '하지만, 어떤 실마리로 해야 차이가 벌어질지는 데이터 등을 확인하지 않으면 알 수 없다'라는 사람이 있을 수 있습니다. 데이터에서 확인하더라도 '어느 실마리로 데이터를 보아야 할지'라는 가설을 반드시 생각해야 할 때가 있습니다.

항상 사용하는 그 데이터만이 머릿속에 맴도는 상황(가설을 건너뛴 채)에서 확인 작업에 들어가면, 거기에 생각과 가설의 범위가 락인(고정) 된다는 것에 문제가 있습니다.

**반사적으로 데이터에 달려들지 말고, 데이터 속에 답이 없다는 것을 인식하고 한숨을 돌린 뒤, 일단 생각하고, 상상해 보기**를 의식해 주세요.

일 잘하는 사람은 가설부터 잘 세웁니다

# 11

# 요인 가설
## – 왜 그렇게 되었는가?

## 요인 가설이란 무엇인가?

앞서 설명한 매출 감소 예시에서의 현상 파악을 위한 현상 가설에 기반하여 실제로 어떤 기준일 때 결과에 큰 차이가 나타나는지를 데이터 등을 활용하여 검증해 보면, 다음과 같은 현상(문제)을 확인할 수 있습니다.

- 다른 지역과 비교하여 간토 지방의 매출이 낮다
- 작년에는 4월의 매출이 두드러지게 낮다
- 구입 고객의 연령대를 보면 30대의 매출이 가장 낮다

이러한 현상(문제)을 바탕으로 STEP 3에서 요인을 밝혀나가

는데, 여기에서도 가설(요인 가설)을 세울 필요가 있습니다. 예를 들어, 여기에서의 요인 가설로는 다음과 같은 구체적인 내용을 들 수 있습니다.

- 왜 간토 지방만 다른 지역에 비해 매출이 낮았을까?
- 왜 4월에 매출이 떨어졌을까? 어째서 5월에는 매출이 되돌아왔을까?
- 왜 30대 고객은 구입으로 이어지지 않았을까?

모두 왜 또는 어째서라는 키워드를 발견하실 수 있습니다. 만약 이 앞 단계인 STEP 2 현상 파악에서 해상도를 높이는 과정을 거치지 않았다면 STEP 3 요인 규명에서 요인 가설은 다음과 같은 것이 되어버리고 말게 됩니다.

- 왜 (전국적으로) 매출이 줄어 들었을까?

이것만으로도 요인 가설은 성립하지만, 너무 넓은 범위를 망라한 현상이기에 몇 가지 요인을 구체적인 가설로 나열하는 데 큰 어려움이 있습니다. 왜에 대한 대답을 지역을 기준으로 할 것인지, 고객 연령으로 할 것인지, 기간으로 할 것인지 아니면 다른 무엇인지와 같이 가능성이 여전히 무한하기 때문입니다.

STEP 2에서 파악한 현상이나 문제의 해상도가 높고, 구체적일

수록 요인도 구체적으로 나열할 수 있게 됩니다. 이 때문에 STEP 2에서 넓은 현상 가설을 검증한 결과를 통하여 현상 파악을 하는 것이 STEP 3의 요인 규명에서 중요한 사항입니다.

## 좋은 요인 가설 만들기에 필요한 점

요인 규명에서의 요인 가설이란, 파악된 현상을 바탕으로 원인이나 이유, 배경 등을 예상해 보는 것인데, 더 좋은 요인 가설의 조건 중 하나는 **요인의 가능성을 가능한 한 폭넓게 망라하는 것**이라 할 수 있습니다.

머릿속에 떠오른 요인만으로 검증 작업을 진행할 수도 있지만, 만약 이 중에서 이른바 **근본 요인**이 포함되지 않는다면, 표면적이고 일시적인 문제 해결 또는 영원히 해결하지 못할 리스크가 남게 됩니다.

이런 상황을 만들지 않기 위한 다양한 테크닉에 대해서는 나중에 소개하기로 하고, 우선은 **자신이 생각한 가설의 전체상을 파악하고, 망라하는 범위를 인식하는 것**(망라성)은 현상 가설에서와 마찬가지로 요인 가설의 기본입니다. 나아가 좋은 가설의 조건인 **논리성**은 요인 가설에서도 중요합니다. 요인이나 원인으로 꼽은 아이디어는 각각 현상 파악에서 확인한 내용과 논리적으로 이어져야 합니다. 문제 자체와의 연결이 느슨하고 많은 해석을 더하여 어떻게든 간접적으로 이어지게 만드는 가설은 우선순위가 낮아집니다. 예를 들면 다음과 같습니다.

①우리 동네 인구 감소 요인은 관광지로서 인기가 없기 때문이다
②우리 동네 인구 감소 요인은 태어나는 사람 수에 비하여 사망하는 사람 수가 많기 때문이다(이른바, 저출산 고령화 사회)

어느 쪽의 가설도 틀렸다고 할 수는 없지만 ①과 ②를 비교할 때, ①에는 다음과 같은 생각의 흐름을 발견할 수 있습니다.

관광지로서 인기가 없다 ⇨ 관광객이 오지 않는다 ⇨ 인지도가 오르지 않는다⇨사람들이 찾지 않는다 ⇨ 이주로 이어지지 않는다 ⇨ 인구가 늘어나지 않는다 ⇨ 인구가 줄어든다

이처럼 전체적인 논리 구조가 결론에서 멀어지면 멀어질수록 자신의 주관적인 해석이나 상상을 끼워 넣을 여지가 늘어납니다. 이러한 생각의 흐름 어딘가에 실제와 다른 부분이 있다면, 전체적인 논리까지도 무너지게 됩니다.

②에서의 예상은 주관적인 해석이나 상상을 끼워 넣을 여지가 적으므로 ①과 비교하면 논리가 무너질 리스크가 적지 않을까요?

이상으로 망라성과 논리성을 가능한 한 담보하면서 전체상을

정리하기 위한 현상 가설과 마찬가지로 여기에서도 구조화나 로직트리와 같은 테크닉을 응용할 수 있습니다.

요인 가설에서의 로직트리는 5 Whys 분석을 반복하면서 요인을 찾아내는 구조입니다. 그림 3-13은 STEP 2에서 'XX 제품의 판매량 하락'이라는 문제를 확인한 것을 전제로 배경에 있는 요인 가설을 로직트리로 구조화한 것입니다.

우선 고객 수와 구입 수라는 두 개의 카테고리로 나눈 다음, 각각의 요인에 대하여 '왜'라고 질문을 하며 오른쪽으로 정리해 나갑니다. 반대로 오른쪽에서 왼쪽으로는 왜의 관계와는 거꾸로 그래서로 이어지는 것을 확인하실 수 있습니다.

예를 들어, 광고 빈도를 줄였다거나, 광고 내용을 바꾸었기

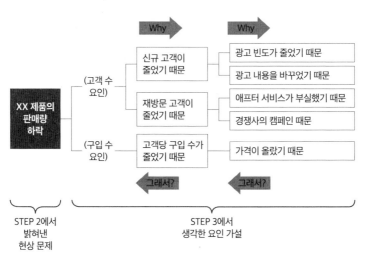

[그림 3-13] 요인 가설 로직트리('5 Whys' 구조)

때문에 신규 고객이 줄었다는 것과 같은 흐름입니다. 이렇게 흐름을 확인해 나갈 때 무언가 이상한 부분이 있다면, 논리성 어딘가에 문제가 있을 가능성이 있기 때문에 다시 검토해 보시기 바랍니다.

## 요인 가설을 만들 때 망설이게 되는 두 가지 포인트

요인 가설 만들기란 간단하게 설명하자면 **떠오른 생각을 5 Whys로 스스로에게 물어보면서 구조화해 나가는 것**이라 할 수 있습니다. 설명에는 틀림이 없지만, 실제 업무에 대입해면 다음 두 가지 포인트에서 막혀 버리는 사람이 속출합니다.

①어디까지 왜를 반복해야 하는가?
②나열된 요인에 망라성이 있는지를 어떻게 확인할 것인가?

먼저 ①의 포인트에 대해서는 앞의 그림 3-13을 사용하여 설명합니다. 5 Whys를 사용하여 깊게 파헤치기를 두 단계 실시한 결과를 확인할 수 있습니다. 그렇다면, 세 단계, 네 단계 이상 5 Whys가 필요할까요? 대부분의 케이스에서 5 Whys는 이론상으로는 몇 번이고 반복할 수가 있습니다. 대략 이 정도면 되겠지라는 자신의 주관만으로 그만둬 버리면 될까요?

일 잘하는 사람은 가설부터 잘 세웁니다

이 물음에 대한 실천적 답변을 함께 생각해 봅시다. STEP 3 요인 규명의 결과는 다음 STEP 4(결론)에서 해결책의 제안으로 이어집니다. 물론, 이 해결 방안이란 실행이 가능하고, 문제 해결(혹은 기획 제안)에 대한 유효성을 목적으로 할 것입니다. 이 때문에 밝혀낸 요인에서 바로 **현실적이고도 유효한** 해결 방안(결론)으로 연결되어야 합니다.

따라서 STEP 3에서 **현실적이고도 유효한 해결 방안(결론)과 연결되는 적절한 요인이 밝혀졌는지에 따라 5 Whys를 활용한 깊게 파헤치기를 계속해야 할지 아닐지를 판단하면 됩니다.**

앞선 그림 3-13과 같이 두 번의 5 Whys로 요인 규명을 끝내어 버린 경우, 여기에서 밝혀낸 요인은 광고 빈도가 줄었기 때문을 포함한 다섯 가지가 있습니다. 가령 데이터로 검증한 결과, 적어도 광고 빈도가 줄었기 때문이라는 요인과 판매량이 감소한 문제와의 사이에서 관련성이 확인되었다면, 여기에서 도출된 해결 방안으로 다음과 같은 제안이 이루어질 것입니다.

광고 빈도를 늘리자

언뜻 그럴싸해 보입니다. 하지만, 만약 여러분이 자신의 조직 내에서 다음 같은 의사 결정으로 일이 제대로 진행된 적이 과연 얼마나 있을까요?

XXX을/를 하지 않았기 때문에 제대로 진행하지 못하고 있습니다

좋아, 그럼 XXX을/를 해 보자고

저는 이러한 의사 결정을 통한 대책만으로 제대로 일이 진행된 기억은 없습니다. 오히려 XXX를 하자고 한 뒤에 실제로 XXX를 실시했음에도 불구하고 결과는 아무런 변화가 나타나지 않았다거나, 애당초 XXX를 실시하지도 않고 방치해 두는 케이스가 더 많았습니다.

여기에서 여러분들이 이해해야 할 점은 **이치에 맞고 논리적인**

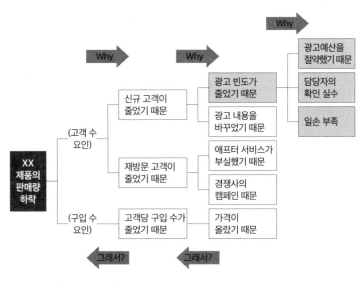

[그림 3-14] 실질적인 성과로 이어지는 요인을 찾아내기

일 잘하는 사람은 가설부터 잘 세웁니다

결론이라 하더라도 성과를 만들지 못하면 의미가 없으며, 현실적인 성과를 거두기 위한 대답을 찾을 때까지 깊게 파헤쳐야 한다는 것입니다. 앞선 XX 제품의 판매량 하락이라는 예시에서 현실적인 성과를 거두기 위해서 필요한 수준의 파헤치기란 그림 3-14와 같습니다(대상 부분을 회색으로 표시함).

광고 빈도가 줄어든 이유로는 '예산이 도중에 삭감되었다', '담당자가 실수로 광고 업체에게 광고를 발주하지 않았다', '담당자의 이직으로 업무를 처리할 수 없었다'와 같은 가설을 떠올릴 수 있습니다. 그리고, 검증한 결과, 이러한 것들이 진짜 요인이었다고 생각되는 경우에는 다음과 같은 현실적인 개선책을 찾을 수 있습니다.

요인: 광고 예산을 절약했기 때문

해결 방안: 본부장을 통해서 재무 부서에 예산 확대를 협상

요인: 담당자의 확인 실수

해결 방안: 다음부터 실수가 없도록 체크 프로세스 구축

요인: 일손 부족

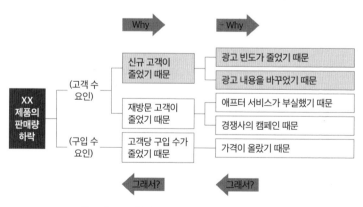

↓

**해결 방안: 다른 부서나 외부에서 경험자를 채용**

이 정도까지 확인하니, 앞서 예를 든 '광고 빈도를 늘리자'라든지 'XXX을/를 하지 않았기 때문에 XXX을/를 하면 된다'와 같은 단순한 인과관계가 아닌, 실질적인 해결 방안을 도출할 수 있게 되었습니다. 해결 방안을 현실적으로 실행하는 데 적어도 누가 무엇을 해야 하는지까지를 밝혀낼 수 있는지가 기준입니다.

그럼, 한 가지 더 여러분이 어려워하는 포인트인 ②의 **나열한 요인에 망라성이 있는지를 어떻게 확인하는지**에 대하여 설명하겠습니다. 다음 그림 3-15의 회색 부분을 보세요.

신규 고객이 줄어든 요인으로 광고 빈도가 줄었기 때문과 광고 내용을 바꾸었기 때문이라는 두 개의 가설을 들었습니다. 가

**[그림 3-15] 어떻게 망라성을 담보할 것인가**

일 잘하는 사람은 가설부터 잘 세웁니다

설이므로 이 두 개의 옳고 그름은 나중에 검증하기로 하고, 세 번째, 네 번째의 요인 가설이 필요하지 않을까요?

이 밖에도 요인이 있음에도 눈치채지 못했을 수도 있습니다. 나열한 각각의 가설이 어떠한 기준으로 정리되었고, 대체로 망라성을 갖추었는지를 확인하였다면 문제가 없습니다.

망라성을 갖추기 위한 수단 중 하나로 카테고리 접근법이라는 테크닉은 뒤에서 소개하겠지만, 이번 예시처럼 일단 지혜를 끌어모아 아이디어를 내기는 했지만, '다른 것은 없을까?'라는 말을 들었을 때, 자신 있게 '걱정 마세요'라고 대답하기 어려운 케이스도 적지 않습니다.

이 예시에서의 최종적인 목적은 판매량 하락을 해결하는 것입니다. 그리고 이 목적을 달성하기 위한 요소 중 하나로는 신규 고객 감소를 들 수 있습니다. 따라서 목적 달성을 위해서는 다음과 같은 질문을 생각할 수 있습니다.

광고 빈도가 줄었기 때문과 광고 내용을 바꾸었기 때문이라는 두 개의 요인(가설)이 어떠한 방법으로 해소되었다면, 그 결과로 신규 고객 감소는 해결될 것인가?

이론적으로 가설에 빈틈이 없고, 100%의 망라성을 담보하고 있는지를 사전에 확실하게 알 수 있는 방법은 없기 때문에 현실적으로는 이러한 질문에 대해서 자기 나름의 대답을 생각해 보아야 합니다. 이 때문에 나열한 가설이 목적을 충분히 달성할 수 있을지, 이미 충분하므로 다른 것을 찾을 필요가 있는지에 대해서는 앞선 질문이 성립되는지를 확인해 보는 것이 좋습니다.

하지만, 이러한 접근법 자체도 완벽하다고는 할 수 없습니다. 광고 빈도가 줄었기 때문과 광고 내용을 바꾸었기 때문이라는 두 개의 요인(가설)을 어떠한 방법으로든 해소하고, 그 결과 신규 고객 감소가 해결될 것인지는 실제로 해 보지 않으면 알 수 없기 때문입니다.

그럼에도 관계자나 책임자와 같은 사람들이 '하긴, 이것들만 해결되어도 신규 고객이 줄어드는 것은 막을 수 있겠군'이라고 납득한다면, 우선은 망라성에 치명적인 결함은 없다고 생각해도 좋습니다.

다시 한번 말씀드리지만, 이러한 방법으로 망라성을 100% 담보하는 것은 어려우므로 모든 케이스에 응용할 수는 없습니다만, 유효성을 온전히 검증하지 않은 채, 일단 떠오른 생각만으로 마무리 짓는 것보다는 한층 더 깊이 있는 검토가 가능해집니다.

지금까지 여러분이 요인 가설을 작성하면서 맞닥뜨릴 두 가지 포인트에 대하여 정리하면 다음의 그림 3-16과 같습니다.

일 잘하는 사람은 가설부터 잘 세웁니다

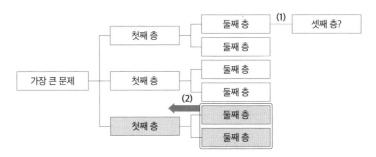

[그림 3-16] 요인 가설의 유효성 체크

(1) 요인에 대하여 '누가, 언제, 어떻게'라는 구체적이고 현실적인 해결 방안이라고 생각하는가?

⇨NO라면, 더욱 깊이 파헤쳐 볼 필요가 있습니다.


(2) 하위의 요인이 해소되면, 상위의 과제도 해결되는가?

⇨NO라면, 요인이 충분하지 않을 수 있습니다.


로직트리에 대한 다양한 소개나 설명은 세상에 넘쳐나지만, 이를 실천적으로 활용할 수 있는 방법은 찾아보기 어려웠습니다. 따라서, 유효한 응용 사례 중 하나로 지금까지의 내용을 꼭 참고해 주시기를 바랍니다.

# 12

# 로지컬 씽킹만으로는
# 충분하지 않은 이유

## 로지컬 씽킹으로 실현할 수 있는 것

로직트리를 사용해서 떠올린 가설 아이디어를 구조화하고, 논리적으로 정리하는 과정은 가설을 부감한다는 의미에서 매우 유효합니다. 이 때문에 현상 가설 및 요인 가설에 대해서도 우선 구조화하여 정리하는 것이 좋습니다만, 자신의 아이디어를 충분하게 정리하더라도, 이것만으로 가설이 충분하다고는 할 수 없습니다.

무슨 말인지 그림 3-17의 예에서 설명하겠습니다. 그림의 윗부분에는 상품 도착이 늦어진 요인의 가설(요인 가설)로 떠오른 아이디어를 나열하고 있습니다. 일단 머릿속에 떠오른 아이디어를 적어 둔 것입니다. 이대로라면 아무것도 정리되지 않았기

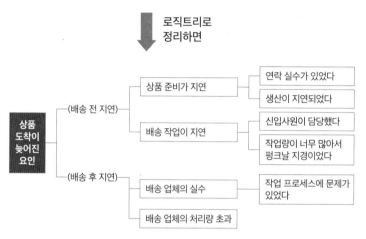

**< 가설 아이디어를 생각나는 대로 나열한 것 >**

• 연락 실수가 있었다

• 작업량이 너무 많아서 펑크날 지경이었다

• 배송 업체의 실수가 있었다

• 배송 업체의 처리량을 초과했다

• 작업 프로세스에 문제가 있었다

로직트리로
정리하면

[그림 3-17] 로지컬 씽킹으로 실현할 수 있는 것

때문에 이것으로 충분한지, 각 아이디어 간의 관계성이 어떻게
되는지, 망라성도 논리성도 찾아보기 어려운 상황입니다. 이 때
문에 시행착오를 하면서 로직트리로 정리한 것이 그림의 아랫
부분입니다.

이렇게 하니, 나열된 요인 가설의 아이디어(가설 아이디어)는
논리적으로 정리되어 큰 문제가 없어 보입니다.

## 로지컬 씽킹의 한계

한편, 로직트리에서는 생각난 아이디어만을 정리한 결과에 지나지 않는다는 점을 주목할 필요가 있습니다. 어쩌면 생각하지 못한 다른 요인이 있을 수도 있습니다. 예를 들어, 다음과 같은 고객 측의 요인이 있었을 수도 있습니다.

- 고객의 배송에 대한 무리한 요청이 있었다
- 고객의 배송 일자가 갑자기 변경되어 대처가 불가능했다

그리고, 당초에는 놓치고 있었던 이러한 항목이 상품 도착 지연의 근본적인 요인이었다면, 이러한 문제는 향후에도 본질적으로 해결하지 못하게 되어 버립니다.

열심히 지혜를 짜내어 아이디어를 잔뜩 내놓거나, 아이디어를 논리적으로 정리하는 것은 '알고 있는 것을 정리한 것'에 지나지 않습니다.

문제 해결이나 기획 제안에서 성과를 만들어 내기 위해서는 망라성 요소를 더욱 발전시킴으로써 내가 경험한 적이 없는 영역까지 시야를 넓혀서 좋은 가설을 만들 필요가 있습니다. 말하자면, 아이디어를 정리하는 것도 중요한 일이지만, 이것만으로는 충분하지 않다는 것입니다. 어떤 의미로는 로지컬 씽킹의 한

계가 여기에 있는 것입니다.

현상 가설을 만들 때는 적절한 실마리로 빠짐없이 정리할 수만 있다면 그다지 문제가 없지만, 요인 가설을 만드는 경우에는 여기에 더하여 보다 넓은 범위로 가설을 세우기 위한 시야나 생각의 영역을 넓히는 것이 매우 중요합니다. 따라서, 로지컬 씽킹과는 다른 접근이 필요한 것입니다.

# 13

# 보이지 않는 영역까지
# 시야를 넓히려면?

## 엄청난 발상을 가진 사람들의 생각법 - 크리티컬 씽킹

그렇다면, 내가 알지 못하는 영역에는 어떻게 도달할 수 있을까요? 여러분 중에서도 누군가의 프레젠테이션을 검토하거나, 일을 잘하는 사람의 아이디어를 접했을 때, 발상력이나 착안점에 감탄한 적이 있을 것입니다. 물론, 발상력에는 지식과 경험이 풍부하다는 배경이 있을 수도 있지만, 아마도 이런 사람들은 자신의 지식이나 타인에게 들은 정보를 100% 올바른 것이라 인식하지 않고 다음과 같이 비판적인 시각으로 바라보고 있을 것입니다.

- 어쩌면 이건 사실이 아닐지도 몰라
- 이 밖에도 무언가 있을 거야

일 잘하는 사람은 가설부터 잘 세웁니다

| 로지컬 씽킹<br>(논리적 사고) | 모든 것의 관계성이나 구조를 논리적으로 생각하는 것 |
|---|---|
| 크리티컬 씽킹<br>(비판적 사고) | 눈앞의 정보를 비판적으로 받아들이며, 의문을 가지고 다른 가능성에 대해서도 생각하는 것 |

**| 표 3-1 |** 로지컬 씽킹과 크리티컬 씽킹

필자는 여기의 비판적이라는 단어에 대해서는 '타인 또는 무언가에 대해서 나쁜 의미로 비평한다'라는 부정적인 의미로 받아들이지 않습니다. 오히려, 자신이 잘 모르는 영역에 도달하기 위해서 필요한 긍정적 사고라고 생각함을 밝힙니다.

이러한 비판적 사고는 크리티컬 씽킹이라고도 불리며, 저는 논리적 사고를 의미하는 로지컬 씽킹과 함께 표 3-1과 같이 명확하게 구분하고 있습니다. 비판적으로 바라보는 대상이 다른 사람의 의견이나 정보일 필요는 없으며, 자신의 생각이나 아이디어도 해당됩니다. '내가 이해한 내용은 일어난 현상의 일부분에 지나지 않는다'라는 자기 부정적인 요소까지도 포함합니다.

## 생각의 락인

우리들은 일상생활 속에서 오늘 점심은 무얼 먹을까부터 시작해서 중요한 업무상 판단에 이르기까지 다양한 의사 결정과 판단을 하고 있습니다. 그리고, 대부분 내가 가진 정보를 바탕으로 결정할 것입니다. 이를 그림 3-18의 점선으로 둘러싼 부분으로 표현해 보았습니다.

이 단계에서 우리들의 생각은 기존에 알고 있던 정보의 범위에 간단하게 락인(고정) 되기 때문에 여기에서 빠져나오려면, 내 생각이 한정적인 범위에 락인 되어 있을 수도 있다는 점을 강하게 의식할 필요가 있습니다. 제가 하고 싶은 말을 한마디로 표현하자면 다음과 같습니다. **비판적 사고를 사용하여 자신의 시야나 생각의 폭을 넓히고, 보다 광범위한 가설을 세워 봅시다.**

하지만, 이를 의식적으로 해 본 적이 없는 사람이나, 생각법을 배운 적이 없는 사람에게는 말처럼 쉬운 일은 아닐 것입니다. 그렇다면 구체적으로 어떻게 하면 이를 실현할 수 있는지 몇 가지 테크닉을 아래에서 소개합니다.

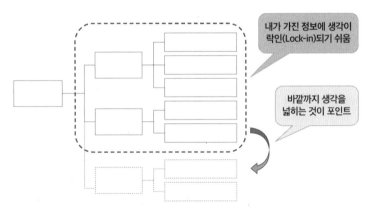

[그림 3-18] 기존 정보의 범위에서 벗어나기

# 카테고리 접근법

## 카테고리 접근법이란?

카테고리 접근법이라는 명칭은 제가 생각해 낸 표현입니다. 카테고리 접근법을 이해하게 되면, 여러분들이 정보를 정리할 때나 생각을 확장할 때 강력한 무기가 될 것입니다.

여기서 말하는 카테고리란, 그룹이나 클러스터로 바꾸어도 상관없습니다. 떠오른 아이디어를 그대로 나열하는 것만이 아닌, 어떠한 카테고리(그룹·클러스터)로 정리하면서, 구조화해 나갑니다.

익숙해지면 처음부터 카테고리 접근법을 바탕으로 구조화하면서 진행할 수 있게 됩니다만, 우선은 간단한 사례를 들어가며 순서대로 생각법을 알아봅시다.

여기에서는 앞서 보신 그림 3-17에서 다룬 상품 도착이 늦어진 요인에 대한 요인 가설을 카테고리 접근법을 사용하여 다시 생각해 보겠습니다.

## ① 아이디어 내기

먼저, 어떤 원인을 생각할 수 있는지 떠오른 아이디어를 나열합니다. 이때, 혼자서만 생각하지 말고 타인의 아이디어나 지혜를 빌리는 것도 효과적인 방법입니다. 생각난 순서대로 다음과 같이 나열해 봅시다.

- 연락 실수가 있었다
- 작업량이 너무 많아서 펑크날 지경이었다
- 배송 업체가 실수했다
- 배송 업체의 처리량을 초과했다
- 작업 프로세스에 문제가 있었다

## ② 카테고리 정리하기

①에서 나열한 아이디어 리스트를 보면서, 이를 어떤 카테고리로 정리하면 좋을지를 생각해 봅니다. 여기에서의 정리하기란, 반드시 복수의 아이디어를 같은 카테고리로 묶는 것을 말하는 게 아니라, 복수의 카테고리로 **나누기** 하는 것까지도 포함합니다.

그림3-19에서는 여섯 개의 아이디어를 세 가지 카테고리로 나누고 있는 것을 알 수 있습니다. □□ 카테고리에는 아이디

① 아이디어 내기

- XXXXXXXXX
- AAAAAAAAA
- CCCCCCCCC
- EEEEEEEEEE
- YYYYYYYYY
- BBBBBBBBB

② 카테고리 정리하기

○○ 카테고리
- AAAAAAAA
- CCCCCCCC
- YYYYYYYY

△△ 카테고리
- XXXXXXX
- EEEEEEEEE

□□ 카테고리
- BBBBBBBB

[그림 3-19] 카테고리 정리하기

어가 하나밖에 들어있지 않지만, 그 자체는 문제가 되지 않습니다. 내용에 따라 카테고리 개수는 달라질 수 있습니다.

그렇다면, 앞서 상품 도착이 늦어진 요인을 카테고리 접근법에 대입해 보면 어떻게 될까요? 그림 3-20처럼 일단 각각의 아이디어를 큼직하게 묶어 두니, 전체를 부감할 수 있게 되었습니다. 카테고리에는 내용을 알 수 있는 이름을 붙여 봅시다. 여기에서는 다음 세 가지 카테고리로 구분하겠습니다.

A 상품 준비 트러블

B 배송 현장 트러블

C 배송 업체 트러블

여기에서 카테고리에 붙일 이름이 잘 떠오르지 않았다면, 원

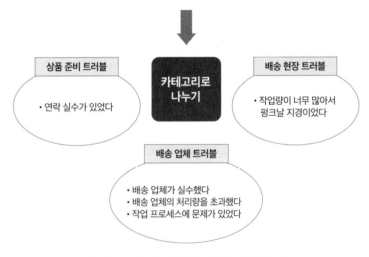

< 가설 아이디어를 생각나는 대로 나열한 것 >

• 연락 실수가 있었다

• 작업량이 너무 많아서 펑크날 지경이었다

• 배송 업체의 실수가 있었다

• 배송 업체의 처리량을 초과했다

• 작업 프로세스에 문제가 있었다

**상품 준비 트러블**

• 연락 실수가 있었다

**카테고리로 나누기**

**배송 현장 트러블**

• 작업량이 너무 많아서 펑크날 지경이었다

**배송 업체 트러블**

• 배송 업체가 실수했다
• 배송 업체의 처리량을 초과했다
• 작업 프로세스에 문제가 있었다

[그림 3-20] 아이디어를 카테고리로 나누기

인 중 하나로 정리한 방법에 무리한 점이 있었기 때문입니다.

즉, **정리한 내용끼리 공통점이 없다거나, 아이디어를 생각한 것까지는 좋았으나 내용을 충분히 이해하지 않았을 가능성**을 생각할 수 있으므로 머릿속을 리셋한 다음 다시 정리해 보시기 바랍니다.

일 잘하는 사람은 가설부터 잘 세웁니다

## ③ 카테고리의 관계성 생각하기

②에서 나눈 세 가지 카테고리를 바라보면서, 카테고리 간에 어떤 관계성이 있는지 생각해 봅시다. 몇 가지 선택지가 있을 수 있습니다. 예를 들어, 시간을 기준으로 생각해 보면, A와 B는 배송 전 단계의 문제, C는 배송한 뒤의 단계가 문제라고 하는 프로세스상의 전후 관계를 발견할 수도 있습니다. 그렇다면, 이를 다시 상위 카테고리를 사용하여 그림 3-21과 같이 정리해 볼 수 있습니다.

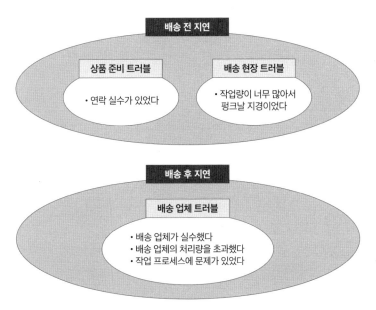

[그림 3-21] 카테고리를 한 단계 더 올려서 정리하기

# ④ 로직트리로 구조화하기

로직트리로 구조화하는 적절한 타이밍은 언제든 상관없지만, 이 예시에서는 ③에서의 카테고리의 관계성을 생각한 다음에 실행하기로 합니다. 덧붙이자면 저는 ③과 ④의 프로세스를 동시에 실시하지만, 여기에서는 해당 프로세스를 두 가지로 나누어 설명하겠습니다.

로직트리를 만들 때는 다음에 주의하시기를 바랍니다.

### 카테고리를 구조화에 모든 것을 끼워 넣을 필요는 없음

카테고리 지체는 생각의 정리를 도와주는 보충 도구이며, 이를 전부 구조화하거나 기재해야만 하는 것은 아닙니다. 예를 들어, 그림 3-22에서는 배송 업체 측 트러블이라는 카테고리 표기는 배송 후 단계에서의 트러블(배송 후 지연)과 중복되므로 기재

[그림 3-22] 로직트리로 바꾸어 보기

일 잘하는 사람은 가설부터 잘 세웁니다

하지 않았습니다.

## 가설 아이디어와 카테고리명을 구별할 수 있도록 표기하기

원래의 가설 아이디어는 무엇이며, 생각법이나 그룹을 정리하기 위한 보충된 정보로써의 카테고리인지가 무엇인지가 로직 트리 속에서 뒤엉켜 버리면 누구라도 혼란스럽게 느낄 것입니다. 저는 저만의 방법으로 가설 아이디어는 '사각형 상자'로 카테고리는 '괄호(    )'로 구별하여 표기하고 있습니다.

## 같은 층 카테고리끼리 내용 맞추기

이 예시에서는 배송 전 지연과 배송 후 지연, 그리고 상품 준비가 지연과'배송 작업이 지연이라는 서로가 동일한 레벨끼리의 내용으로 계층을 맞추어 두고 있습니다. 전자를 둘째 층끼리, 후자를 셋째 층끼리로 정리하고 있는데, 이렇게 정리하는 것이 전체상을 파악하기 쉽고 보다 합리적이기 때문입니다. 다만, 반드시 전부 딱 들어맞출 필요는 없습니다.

앞서 상품 도착이 늦어진 요인을 로직트리에서 정리한 것이 그림 3-23입니다. 이를 작성할 때 작업 프로세스의 문제 또는 배송 업체의 실수가 이유 중 하나인 것을 재확인하고, 그림과 같이 구조에 기입하였습니다. 이처럼 구조화하는 것으로 병렬적으로 나열된 다양한 가설 아이디어들의 관계성을 확연하게 파악할 수 있습니다.

거듭 말씀드리지만, 그림에서 제시한 예시는 정답이 아닙니다. 오히려, 정답 따위는 존재하지 않는다는 인식이 중요할지도 모릅니다. 이렇게 로직트리의 사례를 소개하면, '나는 이런 정답은 생각지도 못했어'라든지, '어떡하면 이런 정답을 생각할 수 있나요?' 같은 질문을 자주 받습니다.

그림의 예시도 정답 중 하나일 수 있지만, 여러분도 본인 나름의 정리 방법으로 **나만의 정답 만들기**를 해 보시길 바랍니다. 앞의 예시에서도 새로운 카테고리로 정리하거나, 다른 구조의 로직트리로 정리할 수 있는 가능성이 여전히 많다고 생각합니다. 예를 들어, 그림 3-23과 같이 정리하는 방법도 있습니다.

이 그림에서는 최초의 카테고리를 회사라는 기준으로 구분하

[그림 3-23] 새로운 정리 방법의 예시

였습니다. 하나의 카테고리에 하나의 가설 아이디어밖에 들어 있지 않으므로 굳이 카테고리로 정리할 필요성이 높아 보이지는 않지만, 그럼에도 각각의 아이디어가 어떻게 정리되어 있는지를 명확하게 알 수 있습니다. 그리고, 이처럼 전체가 논리적으로 정리되어 있으면, 이후로 소개할 ⑤와 ⑥에서 보다 더욱 가설의 질의 향상, 생각과 시야를 확대할 수 있게 됩니다.

지금까지는 요인 가설의 사례로 설명했습니다만, 현상 가설을 작성할 때도 이와 같은 카테고리 접근법은 유효합니다. 사실, 현상 가설에서의 카테고리 접근법이라는 생각법에 대해서는 현상에 대한 해상도를 높일 때 적절한 실마리로 분해하는 단계에서 이미 설명하였습니다.

그때 설명에서는 매출을 분해하기 위한 실마리로 사용한 예시로 다음과 같은 것을 들었습니다.

- 점포별(지역을 구분하여 더욱 세분화한 것)
- 매출 발생 시점(월간, 주간, 일간 또는 시간대 등)
- 고객 속성(연령이나 성별, 연봉 테이블이나 직업, 취향 등)
- 상품 타입(연식이나 색상, 가격대 등 상품을 나눌 수 있는 경우)

이는 각각 점포를 기준으로 한 카테고리와 시점을 기준으로 한 카테고리, 고객을 기준으로 한 카테고리와, 상품을 기준으로

한 카테고리라고 바꾸어 말할 수 있습니다.

예를 들어, 이 중에서 점포를 기준으로 한 카테고리의 일례로 그림 3-24와 같이 매출을 분해할 수도 있습니다. 특히, 현상 가설에서의 카테고리(실마리)를 생각할 때, 제가 자주 업무에서 활용하는 일반적인 시점은 다음과 같은 것들입니다. 물론, 요인 가설을 만들 때 참고하셔도 됩니다.

- **장소 카테고리**

  (예시: 간토 지방/도호쿠 지방/주부(中部) 지방**8**, 도시/교외 등)

[그림 3-24] 현상 가설에서도 카테고리 접근법은 유효

---

**8** 역주: 일본 혼슈의 중간 지역에 위치합니다. 인구가 많은 나고야(名古屋)시가 있는 아이치(愛知)현을 중심으로 시즈오카(靜岡)현, 야마나시(山梨)현, 도야마(富山)현 등 10개 현으로 구성됩니다.

- **조직 카테고리**

  (예시: 인사부/영업부/생산부, 신입 사원/중견 사원/관리직, 자사/경쟁사 등)

- **물리적인 카테고리**

  (예시: 소형/중형/대형 등)

- **시간 카테고리**

  (예시: 봄/여름/가을/겨울, 업무/생산 프로세스, 시간대, 단기/중장기 등)

- **속성 카테고리**

  (예시: 어린이/젊은이/중년/장년, 남성/여성, 빈곤층/중류층/부유층 등)

- **목적 카테고리**

  (예시: 상용/개인용/관공서용, 국내/해외 등)

- **방법 카테고리**

  (예시: 디지털/아날로그, 직접/간접, 개별/전체 등)

## ⑤ 아이디어를 짜내어 추가하기

카테고리 접근법을 통하여 자신이 어떤 기준을 사용(중요하다고 생각하는지)하여 분해하거나 정리하는지를 명확하게 하는 것은 생각을 정리한다는 의미에서 매우 중요하고 효과적이라 설명하였습니다.

이뿐만 아니라, 카테고리 접근법에는 한 가지 더 중요한 장점이 있습니다. 이는 카테고리라고 하는 프레임을 부여함으로써 프레임 속에서의 망라성을 확인하기 쉬워진다는 점입니다.

예를 들어, 그림 3-22에서는 카테고리에 따라 나열한 가설 아이디어가 정리되어 있지만, 아이디어의 수가 부족한 느낌이 듭니다. 상품 준비가 지연이라는 카테고리 속에서 생각할 수 있는 요인 가설은 정말로 연락 실수가 있었다만인지, 스스로에게 **다시 한번 물어보는 계기**가 될 수 있습니다.

그 결과로 생산이 지연되었기 때문이라는 요인이 있을 수도 있다는 생각으로 이어질지도 모릅니다. 사실, 여기에 카테고리 접근법의 중요한 사항이 있습니다.

연락 실수가 있었다는 가설은 아무런 정보가 없이 일단, 생각하기에서부터 시작되었습니다. 하지만, 백지상태에서 생각해 낸 내용이나 범위에는 한계가 있습니다. 새로운 정보가 없이는 더 이상 아이디어를 생각해 낼 수 없는 상황일 것입니다.

이런 상황에서는 아무리 팔짱을 끼고 골똘하게 생각하더라도 새로운 아이디어가 추가될 수 없습니다. 한편, '상품 준비가 지연'이라는 프레임 속에서 다른 것은 찾아내기 위한 밑그림이나 전제 조건을 제시하면, 이것이 마중물이 되어 새로운 아이디어를 쉽게 찾을 수 있게 됩니다. 그렇다면 이용하지 않을 수 없겠지요.

이렇게 생각하면 '배송 작업이 지연'되었다는 카테고리 속에 '작업량이 너무 많아서 펑크날 지경이었다' 이외에도 그림 3-25처럼 '신입 사원이 담당했다'라는 요인 가설을 생각해 낼 수도 있습니다. 다른 사람들과 비교하여 영감이나 발상력이 뛰어나지 않은 저 같은 사람도 이러한 카테고리 접근법이라는 생각법에 자주 도움을 받습니다.

나아가 그림 3-26처럼 배송 작업이 지연이라는 카테고리 아래에 한 단계 더 카테고리(그림에서는 사람의 문제와 작업량의 문

[그림 3-25] 카테고리를 아이디어의 마중물로 활용하기

[그림 3-26] 카테고리가 많을수록 발상의 밑그림을 만들기 쉽다

제로 표기)를 만드는 것으로 더욱 구체적인 요인 가설 만들기를
할 수도 있습니다. 여러분도 반드시 새로운 요인 가설을 생각해
봅시다.

## ⑥ 카테고리를 활용한 생각의 확장

로직트리와 카테고리 발상을 활용한 가설 작성에서는 앞서 설
명한 것과 같이 내가 파악한 범위에서 정리한 다음, 그 안에서
부족한 것을 보충할 수 있습니다.

그렇다면 내가 파악하지 못한 범위로까지 가설을 넓히기 위
해서는 어떻게 하면 좋을까요? 이는 앞선 그림 3-18에서 소개한
생각법을 가리킵니다만, 여기에서도 카테고리 접근법을 활용함
으로써 이를 쉽게 실현할 수 있습니다. 그림 3-27의 두 가지 로
직트리를 보시기 바랍니다.

먼저 그림 윗부분의 로직트리처럼 상품 준비가 지연과 배송
작업이 지연이라는 카테고리를 정리하고, 두 개의 카테고리의
공통점으로 자사 문제라는 카테고리를 새롭게 만들었습니다.
그리고, 자사 문제가 있다고 한다면, 타사 문제가 있더라도 (타
사에 문제를 직접 물어보거나 정보를 얻지는 않았지만 이론적으로는)
이상한 것이 없다고 생각합니다.

따라서, **이론적으로** 있을 수 있는 요인 가설 만들기라는 의미

로 타사 문제라는 카테고리를 자사 문제의 카테고리 아래에 만들어 보는 것입니다.

앞서 설명한 바와 같이 사람은 **프레임(카테고리)**이 주어지면, 이것이 마중물이 되어 그 속에서 아이디어를 쉽게 찾아냅니다. 타사의 문제가 요인이라 생각해 보면, 고객이 갑자기 납기일을 변경할 수도 있고, 당초에 발주한 물량을 갑자기 바꾸어서 대처가 불가능했을 수도 있다는 발상으로 이어지게 되는 것입니다.

여기에서의 목적은 올바른 가설이나 진실을 반영한 가설을 선택하자는 것이 아닙니다. 내가 떠올린 가설 따위는 누구라도 생각할 수 있다는 것을 전제로 **일단, 생각하기** 이외의 방법으로 더 많은 가능성을 끌어내는 데에 목적이 있습니다.

따라서 **카테고리를 넓히는 것**으로 새로운 프레임을 만들고, 그 안에 새로운 가설 아이디어를 생각해 내도록 하면 됩니다.

지금까지 설명한 카테고리 접근법을 사용한 두 가지 커다란 장점을 정리하고 확인해 보도록 하겠습니다.

그림 3-28에서는 가장 처음 다섯 가지 가설 아이디어가 있습니다. 이것 말고도 '다른 아이디어가 없는지, 이게 정말 전부인지'라는 추궁을 받게 되더라도 새로운 무언가는 좀처럼 생각나지 않을 것입니다. 이유는 간단합니다. 이미 생각해 낸 구체적인 아이디어란 본인 입장에서 이미 최선을 다했기 때문입니다. 이 상태에서 하나 더 가설 아이디어를 생각해 낸다는 것은 사실

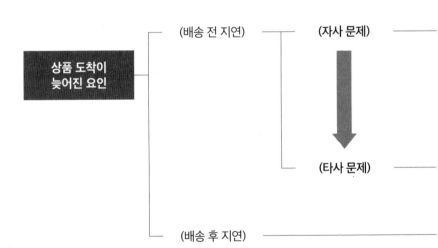

일 잘하는 사람은 가설부터 잘 세웁니다

[그림 3-27] 카테고리를 넓혀 시야를 확장하기

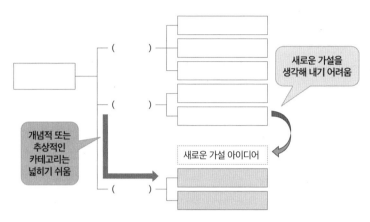

[그림 3-28] 왜 카테고리 접근법을 사용하는 것이 좋은가

매우 어려운 일입니다.

하지만, 카테고리란 이러한 구체적인 아이디어를 취합해 둔 것이므로 추상적입니다. **사람은 구체적인 아이디어를 하나 더 생각해 내기보다 추상적인 개념을 생각하기가 상대적으로 용이합니다.** 손쉬운 카테고리를 하나 더 만들기와 같은 접근으로 새로운 카테고리를 마중물로써 활용하여 새로운 아이디어를 발굴하는 편이 좋습니다.

그리고, 또 다른 장점은 보다 상위의 개념적인 카테고리로 로직트리 전체의 빈틈을 막는 것이 가능하다는 것입니다.

그림 3-29처럼 카테고리 차원에서 빈틈이 없도록 주의하면, 해당 카테고리로 이어지는 가설 아이디어가 누락되는 리스크를 줄일 수 있습니다.

일 잘하는 사람은 가설부터 잘 세웁니다

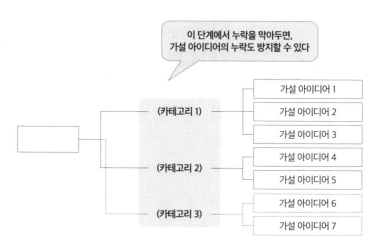

[그림 3-29] 카테고리의 누락을 체크해 두자

그림에서 카테고리 3이 빠졌다면, 가설 아이디어 6과 7까지도 누락되어 버리게 되어 망라성에 빈틈이 있다는 사실을 알아차리기 어려워집니다.

각각의 가설 아이디어에 빠짐이 없는지를 확인하거나, 알아채기보다는 상위의 카테고리에 빠짐이 없는지를 확인하는 편이 훨씬 간단합니다. 이쪽이 더 추상적이기 때문입니다. 따라서, 카테고리 차원에서 빠짐이 없는지를 확인하는 것으로 아이디어에 빈틈이 발생하는 것을 방지하는 효과가 있습니다.

# 자기 부정

## 자기 부정이란?

자기 부정이라는 말을 들으면, 부정적인 느낌을 받는 사람이 많을 것이라 생각하지만, 가설 작성에서는 이러한 이미지를 긍정적인 테크닉으로 활용하고자 합니다. 자기 부정이라는 테크닉은 '내가 생각한 것이 전부 옳다고 할 수 없다. 분명 나에게는 보이지 않는 다른 무언가가 있을 것이다'라는 전제가 있고, 이러한 발상을 적극적으로 활용해 나가는 것입니다.

그렇다면 자기 부정을 요인 가설 작성의 일부로 활용한 예시를 설명하겠습니다.

## 자기 부정의 순서

예를 들어, 다음 그림 3-30과 같은 요인 가설을 작성하였다고 합시다. 여러분은 그림 속의 점선으로 둘러싸인 두 개의 요인(가설 아이디어)만으로 충분한지를 고민 중입니다. 이것 말고도 가

**[그림 3-30]** 자기 부정으로 가설 아이디어 늘리기

능성이 있는 가설 아이디어가 있을 수 있으므로 자기 부정이라는 테크닉에 따라 새로운 아이디어로 연결 지어 보겠습니다.

우선 이미 제시된 '시간에 쫓기고 있어서'라는 가설 아이디어를 부정해 보겠습니다. 이는 '만약 그날 고객 문의 건수가 적고, 시간에 충분한 여유가 있었지만 (그럼에도 고객 응대가 요인으로) 불만이 늘었다'라고 가정한다면 무엇이 문제인지 생각해 봅시다.

'시간적 여유가 있었다'와 같이 '시간에 쫓기고 있어서'와는 반대의 전제를 두는 것으로써 생각의 범위를 시간 이외의 것으로 돌릴 수 있게 됩니다. 마찬가지로 '설명서 내용을 파악하지 못해서'라는 가설 아이디어에 대해서도 만약 '담당자 전원이 설명서 내용을 숙지하고 있었다(그럼에도 불구하고 고객 응대에 문제가 발생하여 불만이 늘었다)'라고 한다면, 무언가 다른 원인을 생각할 수도 있을 것이며, 이렇게 조건을 바꾸어 보는 것으로 생각의 방향을 새롭게 제시할 수 있게 됩니다.

막막한 상황에서 '뭔가 새로운 게 없을까?'라는 말을 듣더라도 쉬이 새로운 아이디어를 짜낼 수는 없지만, 지금까지와는 다른 제한적인 조건이나 전제를 부여함으로써 새로운 아이디어나 발상의 마중물이 되는 것을 여기에서도 활용할 수 있습니다.

그렇다면, '시간도 여유가 있었고', '설명서도 숙지하고 있었음'에도 고객 응대에서 불만이 늘어났다고 한다면, 도대체 어떤 요인을 생각할 수 있을까요?

예를 들어, 그림 3-31의 아이디어는 어떤가요? 시간이 있었고, 설명서를 숙지하고 있더라도 담당자 본인에게 어떠한 이유로 마침 그날은 초조한 기분이 들어서 불친절하게 고객 응대를 했다면, 고객의 불만이 늘어도 이상힐 것이 없습니다. 이는 '설마 그런 일은 없었을 거야'라며 자신의 주관과 아이디어를 버리지 않도록 하세요.

이는 가설이기 때문에 사실이든 아니든 문제가 되지 않습니

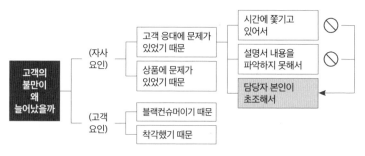

[그림 3-31] 자기 부정에 의한 새로운 가설 아이디어

일 잘하는 사람은 가설부터 잘 세웁니다

다. 가설 작성은 가능성의 아이디어를 늘리는 것에 목적이 있다고 말씀드렸습니다.

그렇다면 '담당자 본인이 초조해서'라는 가설 아이디어도 자기 부정을 해 보면 네 번째의 새로운 가설 아이디어로는 무엇을 생각할 수 있을까요. 말하자면 '만약, 시간적 여유나 설명서에도 문제가 없었고, 아무도 초조했던 사람이 없었다(그럼에도 불구하고 고객 응대에 문제가 발생하여 불만이 늘었다)'라고 생각해 보는 겁니다.

이런 경우에는 '주말에는 고객 문의 접수를 받지 않아서'가 있을 수도 있으며(접수를 받지 않는 것이 사실이라면), 이 밖에도 '설명서 내용에 부족한 점이 있어서' 따위가 있을 수도 있습니다.

이처럼 이미 떠올린 아이디어를 자기 부정하는 것으로써 다음의 생각을 끄집어낼 수 있게 됩니다. 사람은 자신이 생각한 아이디어를 고집하기 마련이지만, 이를 일부러 '의도적으로' 부정하는 것은 더 나은 결과로 이어 나가기 위한 단순하면서도 강력한 발상법입니다.

테크닉 3

# 페어 콘셉트

## 페어 콘셉트란?

페어 콘셉트는 세미나 또는 연수에서 소개하면 언제나 많은 분들에게 높은 평가를 받는 테크닉입니다. 특히 요인 가설을 효과적으로 도출할 때에 유효합니다.

여기에서 페어pair란, 쌍雙이라는 의미입니다. 한 쌍으로 가리키는 내용(가설 아이디어)에는 같거나 상반되는 것이 있는데, 어느 쪽이든 있을 수 있습니다. 여기까지의 설명만으로는 무슨 소리인지 잘 모를 수도 있으므로 앞으로 소개할 구체적인 예시 및 사례를 통해서 설명하도록 하겠습니다.

앞서 설명한 카테고리 접근법과 같은 생각법이지만, 카테고리를 만드는 법을 페어라는 간단한 형태에 끼워 넣음으로써 보다 쉽게 실천할 수 있게 됩니다. 제가 종종 페어 카테고리로 사용하는 구체적인 예시를 몇 가지 소개하겠습니다.

• 자사 vs 경쟁사

자사가 요인이라면, 반대의 경쟁사 요인도 있을 것이라는 발상

• **방법 vs 의욕**

방법론의 문제일 수도 있고, 실행하는 사람의 마음가짐이 요인일 수 있으며, 어느 한쪽이라도 문제가 있다면 결과를 기대하기 어려움

• **상품 또는 서비스 vs 판매**

상품의 내용이 문제인지, 판매가 문제인지, 아니면 둘 다인지

페어 콘셉트가 유효한 이유는, 페어의 한쪽만을 요인으로 나열한 뒤, 이에 대한 대책이나 해결 방안을 실행하려고 하더라도 다른 한쪽을 누락하였기 때문에 대책을 실행하더라도 충분한 효과를 거둘 수 없는 현상을 종종 발견하기 때문입니다.

이는 대책이나 해결 방안 내용의 문제가 아니라, 애초에 요인을 충분히 인식하지 못하고 있는 것이 근본적인 원인이라는 점을 당사자가 전혀 알아채지 못하였을 가능성이 있습니다.

페어 콘셉트나 카테고리 접근법은 이러한 '누락'을 가능한 막는 것에 유효한 테크닉이라고 할 수 있습니다. 또한, 카테고리 접근법도 가장 처음에는 백지상태에서 좀처럼 적절한 조합을 생각해 내는 것을 어렵다고 느끼는 사람이 많은 것도 사실입니다.

그래서 생각의 실마리로 페어 콘셉트를 응용해 보면, 카테고

리를 만드는 데 마중물이 되기도 합니다.

하지만, 페어가 되는 구체적인 조합을 열 개 또는 스무 개를 기억해 두고 매번 거기에 맞는 것을 선택하는 것도 그다지 현실적인 방법은 아닙니다.

제가 세미나 등에서 '일단 이것만 외워 두세요'라면서 소개하는 것이 **자주 사용하는 일반적인 페어 콘셉트**인 다음의 그림 3-32입니다.

그림의 네 개의 페어 콘셉트를 실제로 사용할 때는 이대로 사용하는 것이 아니라, 각각의 케이스에 맞게 구체적인 표현으로 바꾸어야 하지만, 이 네 개의 조합(페어 콘셉트)의 개념을 기억해 두는 것만으로도 다양한 케이스에서 매우 범용적으로 활용할 수 있습니다.

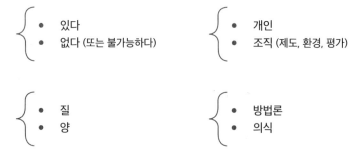

페어 콘셉트의 활용을 위해서 자주 쓰이는 키워드(참고)

- 있다
- 없다 (또는 불가능하다)

- 개인
- 조직 (제도, 환경, 평가)

- 질
- 양

- 방법론
- 의식

**[그림 3-32]** 범용적으로 사용 가능한 페어 콘셉트의 일반 형태

일 잘하는 사람은 가설부터 잘 세웁니다

카테고리의 페어를 만드는 경우뿐만 아니라, 가설 아이디어에서도 페어의 개념을 대입하여 가설을 늘려나갈 수도 있습니다.

**①있다 vs 없다**

'AAA가 없음으로'에 대하여 'AAA가 있지만 제대로 되지 않음'

**②개인 vs 조직**

'팀장의 역량 문제'에 대하여 '조직 문화의 문제' 또는

'담당자의 역량 부족'에 대하여 '평가 제도로 인한 의욕 저하'

**③질 vs 양**

'작업자의 효율이 낮음'에 대하여 '처리해야 할 업무가 많음'

제조나 공정 같은 다양한 '오퍼레이팅' 관점에서 자주 활용합니다

**④방법론 vs 의식**

'방법의 문제'에 대하여 '의욕이 낮음'

이처럼 방법론만에 주목하고 개개인의 의식의 관점을 무시하게 되면, '설명서를 만들자'라는 같은 표면적인 해결 방안만을 제시하기 쉽습니다. 혹시 여러분의 직장에서도 비슷한 일이 있지 않나요?

여기까지 설명하더라도 여전히 개념이 모호한 사람들도 있을 것이라 생각합니다. 괜찮습니다. 다음의 사례를 통하여 사용법이나 생각법에 대해 깊이 이해할 수 있습니다.

그럼, 지금까지 소개한 테크닉을 사용하여 가설의 아이디어를 넓혀 나가는 사례를 소개하겠습니다.

이 사례에서는 자신이 담당하는 상품 A의 매출이 떨어진 요인 가설을 만들고 있습니다.

먼저 백지상태에서 '왜 제품이 팔리지 않을까'라고 제조사의 직원에게 물어보면, 가장 처음 튀어나오는 대답이 자사의 상품에 관한 요인입니다. 항상 본인들이 가까이에서 다루고 있기 때문에 처음에 나오는 것은 자연스러운 흐름입니다. 예를 들어, 다음의 그림 3-33과 같이 네 가지 요인 가설(가설 아이디어)을 나열하였습니다. 모두 요인이 될 가능성이 있어 보입니다.

[그림 3-33] 상품이 팔리지 않는 요인(가설 아이디어)의 나열

　　　　　일 잘하는 사람은 가설부터 잘 세웁니다

## 페어 콘셉트 활용법

그럼 이제부터 어떻게 가설의 생각을 확장하고 더 많은 가설을 끌어내면 좋을까요. 여기서 손에 꼽은 네 가지 요인 가설(가설 아이디어)은 전부 상품에 관한 것이기 때문에 이들의 카테고리를 **상품 요인**으로 모은 다음, 그림 3-34처럼 상품 요인에 대하여 페어(쌍)가 될 만한 카테고리로 **판매 방법 요인**을 만들었습니다. 구체적인 가설 아이디어를 무리하게 늘리기보다는 보다 추상적으로 한 단계를 올려서 확장하는 편이 쉽다고 말씀드린 적이 있습니다.

판매 방법 요인의 구체적인 예시로 어떤 것이 떠올랐나요? 우리 회사의 영업팀을 머릿속에 상상하면서 '이들이 적절한 방법

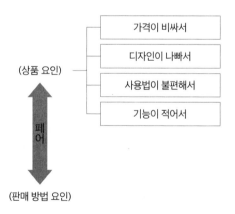

[그림 3-34] 페어 콘셉트로 프레임 확장

으로 고객 응대를 하지 않는다'라거나, 애당초 상품에 대해서 충분히 이해하지 못하고 있다'라는 가설 아이디어 따위도 있을 것입니다.

이를 판매 방법 요인 아래에 직접 나열해 보는 것도 좋겠지만, 여기에서는 앞서 소개한 네 가지 페어의 일반 형태 중 하나인 **방법론 vs 의식**을 활용해 보겠습니다. 이를 그림으로 표현한 것이 그림 3-35입니다.

여기에서는 **방법론 요인**과 **의식 요인**이 서로 쌍이 되는 카테고리를 페어로 나열해 보았습니다. 그러자 앞서 번득 생각난 고객 응대의 문제 및 상품 이해의 문제는 방법론 요인에 포함되어 설명하고 있는 것을 눈치채셨을 겁니다.

하지만, 일반적으로 해야 할 일을 제대로 하지 않는 문제의

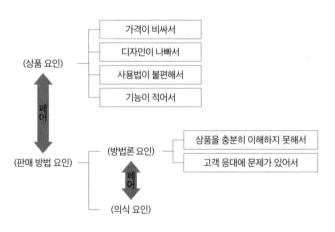

[그림 3-35] 범용적인 페어 콘셉트 활용

요인에는 방법을 모르는 것만이 아닌, 담당자의 의식이나 역량 문제가 바탕에 있는 경우가 많습니다. 이를 의식 요인이라는 카테고리를 만듦으로써 강제로 해당 카테고리에 속하는 구체적인 가설에 대해서도 생각하게 만드는 것입니다.

그렇다면, 의식 요인의 내용에는 어떤 것을 생각할 수 있을까요? 여기에서는 적극성 부족이라는 요인 가설을 들어보았습니다. 물론, 이 밖에도 많은 요인이 있을수록 좋습니다. 여기에다 5 Whys 분석으로 깊게 파헤쳐서, 왜 적극성이 부족한가에 대한 요인 가설(가설 아이디어)까지 두 개를 들어 보았습니다. 이때 **본인 요인**과 **본인 이외의 요인**이라는 페어로 카테고리를 만든 뒤 내용

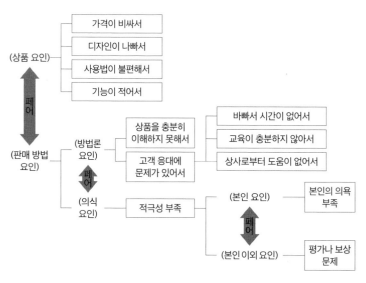

**[그림 3-36]** 페어 콘셉트를 활용하면서 5 Whys 분석으로 깊게 파헤치기

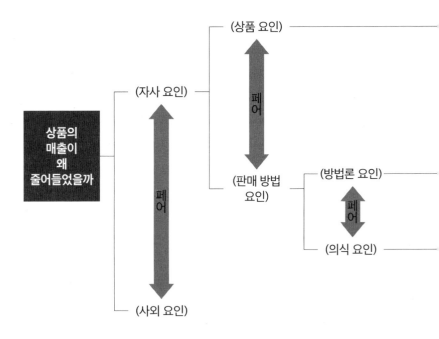

상품의
매출이
왜
줄어들었을까

(자사 요인)

(상품 요인)

페어

(판매 방법
요인)

페어

(방법론 요인)

페어

(의식 요인)

페어

(사외 요인)

일 잘하는 사람은 가설부터 잘 세웁니다

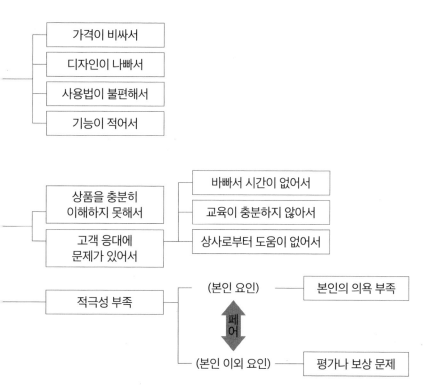

**[그림 3-37] 추상도 높은 왼쪽으로 트리를 확장하기**

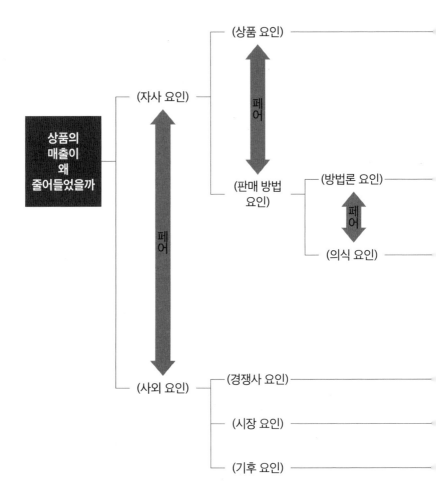

일 잘하는 사람은 가설부터 잘 세웁니다

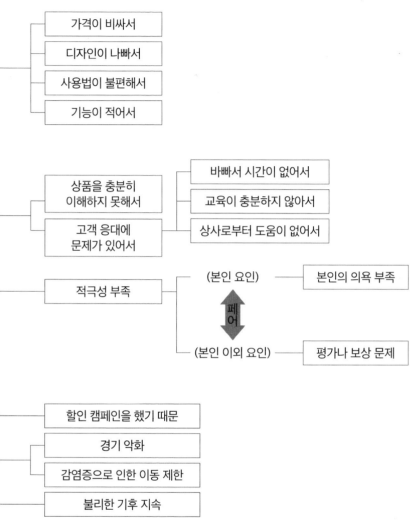

가격이 비싸서

디자인이 나빠서

사용법이 불편해서

기능이 적어서

상품을 충분히
이해하지 못해서

고객 응대에
문제가 있어서

바빠서 시간이 없어서

교육이 충분하지 않아서

상사로부터 도움이 없어서

적극성 부족

(본인 요인) —— 본인의 의욕 부족

페
어

(본인 이외 요인) —— 평가나 보상 문제

할인 캠페인을 했기 때문

경기 악화

감염증으로 인한 이동 제한

불리한 기후 지속

[그림 3-38] 로직트리의 완성

을 생각해 보았습니다. 이와 같이 'XX'와 'XX 이외' 같은 카테고리의 페어를 만드는 것으로 생각의 빈틈을 줄일 수 있습니다.

가장 처음에 나열한 네 가지 가설 아이디어부터 생각해 보면, 발상을 넓히고 많은 가설 아이디어를 추가하게 되었습니다.

여기까지는 왼쪽에서 오른쪽으로 깊게 파헤치는 방향으로 생각하였지만, 이번에는 반대 방향으로 바라보겠습니다. 즉, 트리의 가장 왼쪽을 주목하시면 됩니다. 가장 왼쪽에는 상품 요인과 판매 방법 요인이 있습니다. 두 개의 공통점은 무엇일까요?

모두 자사에 대한 설명을 하고 있습니다. 그렇다면, 그 카테고리로 묶어 보는 것도 하나의 방법입니다. 그런 다음, 페어가 되는 카테고리는 다른 것이 없는지 생각해 봅시다. 여기에서는 자사 요인, 이른바 우리 회사 내의 요인에 대하여 반대 위치에 있는 사외 요인을 페어 카테고리로 꼽아 보았습니다. 사내와 사외이기 때문에 이론상 이 조합을 통하여 허점을 막을 수 있습니다.

마지막으로 사외 요인의 카테고리 내용을 깊이 생각해 보았습니다. 어떠신가요? 가장 처음에 나열한 네 개의 가설 아이디어에서 점점 확장하였고, 최종적으로는 열여섯 개의 아이디어로까지 확장되었습니다.

물론, 이것을 5 Whys 분석으로 더 깊게 파헤칠 수도 있고, 이것과 다른 페어나 카테고리로 대응시켜 보는 것도 충분히 가능할 것입니다. 여기에서 소개한 내용이나 진행 방법은 하나의 간단한 예로 참고하시면 좋겠습니다.

꼭, 여러분 스스로 지금까지와는 다른 접근법으로 이런저런 구조화를 해 나가면서 더욱 능력을 향상시키길 바랍니다.

# 제4장

# 가설 만들기
# 실천 케이스

# 14

# 케이스 스터디로
# 가설 작성 실천력 높이기

 

이 장에서는 여러분의 가설 작성(가설 입안)의 실력을 높이는 것을 목표로 로직트리를 응용한 몇 가지 구체적인 가설 작성 사례(케이스)를 소개하고 설명하도록 하겠습니다. 여기에서는 제3장에서 소개한 로직트리와 다양한 테크닉을 응용하여, 문제 해결 혹은 기획 입안 프로세스의 STEP 2 또는 STEP 3에서 작성한 현상 가설과 요인 가설 만들기 케이스에 다루겠습니다(STEP 1의 스토리 가설이나 STEP 4의 결론을 만드는 케이스는 포함하지 않음).

하지만, 앞에서 여러 차례 설명한 것처럼 이 장에서 소개할 케이스에서 입안한 가설은 반드시 정답 혹은 가장 좋은 가설의 예시라고 할 수는 없습니다.

더 많은 시간과 지면을 사용한다면, 더 좋은 가설을 만들어 낼 가능성도 있으며, 다른 접근법을 사용하면 새로운 형태의 가설을 만들어 낼 가능성도 충분합니다. 어디까지나 제한된 지면을 통해 소개하는 사례로 읽어 주시면 고맙겠습니다.

또한, 각각의 케이스를 그대로 읽고 진행하는 것이 아닌, 각 케이스에 대하여 여러분이라면 어떻게 접근할지 생각해 봅시다. 이때, 가능하다면 종이와 팬을 준비해서 여러분의 생각을 구조화하고 나서 사례를 읽어 주시면 능력 향상으로 이어질 것입니다. 그러니 반드시 도전해 보시기 바랍니다.

# 컴퓨터가 작동하지 않는다

## 아이디어를 정리하기

컴퓨터의 전원 스위치를 눌러도 아무런 반응이 없다는 문제를 해결하는 간단한 케이스입니다. 이 케이스는 특이하게도 '문제 자체가 요인'이라고 볼 수 있기 때문에 현상 가설과 요인 가설이 같다고 생각할 수 있습니다.

먼저, 아무런 테크닉을 사용하지 않고 일단, 생각하기(가설 아이디어)로 머릿속에 떠오른 가설 아이디어는 다음과 같은 것입니다.

- 컴퓨터 본체가 망가졌다
- 배터리가 방전되었다
- 어딘가 선이 끊어졌다
- 전원이 공급되지 않았다

일단, 생각하기를 로직트리로 정리해 본 것이 다음의 그림

4-1입니다. 이 그림의 예시에서는 가장 처음에 꼽은 가설 아이디어(일단, 생각하기)를 컴퓨터 문제와 전원 공급 문제라는 두 개의 카테고리로 정리하였습니다(로직트리 좌상단 참조). 이와 같이 전체를 부감해서 파악하고, 빈틈을 없애기 위하여 이처럼 매우 추상적인 카테고리로 정리하는 것은 가설 작성의 첫걸음에서는 매우 중요합니다.

이 케이스의 경우에는 컴퓨터가 작동하지 않게 된 상황을 컴퓨터 문제와 전원 공급 문제에 더하여, 조작하는 작업자까지를 머릿속에 떠올릴 수 있을 것입니다. 여기에서 작업자 문제라는 카테고리를 추가해 보기로 합시다.

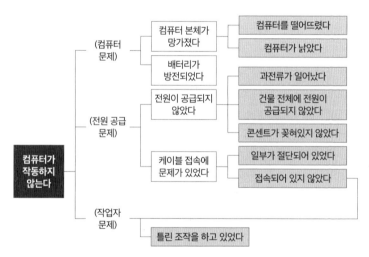

[그림 4-1] 케이스 1 로직트리(제1단계)

일 잘하는 사람은 가설부터 잘 세웁니다

# 왜 그럴까를 반복하기

더불어 5 Whys 분석으로 각각의 요인을 깊게 파헤쳐 보고, 오른쪽에 추가한 부분(가설)을 회색로 나타냈습니다. 이 케이스에서는 전원 케이블이 '접속되어 있지 않았다'의 오른쪽에서 선이 나와서 작업자 문제인 '틀린 조작을 하고 있었다'로 이어진 것은 조작 실수가 요인이 될 수도 있다고 생각하기 때문입니다.

하지만, 이러한 복잡하게 얽힌 모든 인과관계(특히 관계성이 이곳저곳을 순환하는 경우)를 로직트리 안에서 정확하게 밝힐 필요는 없습니다.

가설 작성에서 해야 할 일은 어디까지나 가설 아이디어를 늘어놓는 것이며, 아이디어끼리의 관계성을 정확하게 표기하는 것이 아니기 때문입니다.

물론, 논리성을 높이는 것이 목적이라면, 관계성을 가능한 한 정확하게 표현하는 것 자체는 문제가 되지 않지만, 정확한 표현에 필요 이상으로 집착하시는 분이 많기 때문입니다.

가설 작성의 최종적인 목적은 (가능한 논리성을 담보하면서) 가설 아이디어를 많이 내놓는 것에 있다는 것을 생각하세요. 로직트리의 어딘가에 가설 아이디어가 있다면, 다른 것과의 관계성에 부족함이나 틀린 점이 일부 있다고 하더라도 크게 문제 될 것은 없습니다.

# 더 많은 가설 아이디어를 추출하기

그렇다면 그림 4-1의 로직트리를 보다 발전시켜서, 더 많은 가설 아이디어를 추출하려면 어떻게 하는 것이 좋을까요.

앞의 그림 4-2의 회색 부분을 살펴봐 주세요. 제1단 카테고리의 컴퓨터 문제, 전원 공급 문제, 작업자 문제에 이어서 작업하는 장소의 환경 문제에 대한 카테고리를 추가하였습니다.

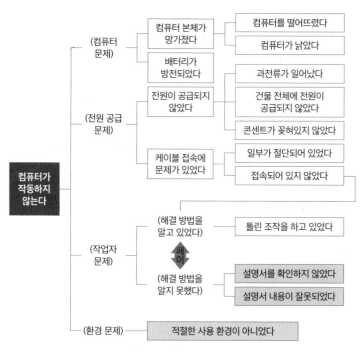

[그림 4-2] 케이스 1 로직트리(제2단계)

일 잘하는 사람은 가설부터 잘 세웁니다

현실적으로 일어날 가능성은 극히 낮다고 생각하지만, 극단적으로 춥다거나 더운 환경에서는 컴퓨터가 제대로 작동하지 않을 수도 있기 때문에 논리적으로 가능성이 전혀 없다고 할 수 없습니다.

　또한, 작업자의 문제에 대해서도 해당 작업자가 해결 방법을 알고 있는지 모르는지로 카테고리를 나누고, 각각의 요인을 생각해 봄으로써 가설 아이디어를 추가할 수 있게 되었습니다.

　나아가 여기에 5 Whys 분석으로 더 깊게 파헤치거나, 각 카테고리 안의 가설 아이디어의 개수를 늘려보는 것도 가능하므로 꼭 시도해 보시기 바랍니다.

# 가정용 프린터 매출이 떨어졌다

## 업계 지식으로 매출을 분해하기 – 일반적인 현상 가설

매출 감소라는 문제에 대해서는 이미 몇 번 정도 사례를 들었습니다만, 매출에 관해서는 기초적인 문제 해결 케이스이기 때문에 여기에서는 지금까지 소개한 테크닉을 곱씹어가면서 적극적으로 활용해 봅시다.

매출 감소라고는 하지만, 그 내용은 다양할 것입니다. 따라서 해상도를 올리지 않은 채 요인 가설을 작성하려고 하면, 현상 파악조차 막연한 상태이기 때문에 매우 광범위해서 어디에 중점을 두어야 할지 모르는 상황에 빠지기 쉽습니다.

가정용 프린터 비즈니스나 시장에 대한 업계 지식이 있다면, 어떤 실마리를 가지고 매출을 분해해서 현상 파악을 해야 할지 예상할 수 있습니다. 일반적인 현상 가설의 후보로는 예를 들어, 그림 4-3에서 보시는 것과 같은 실마리를 손에 꼽아 볼 수 있을 것입니다.

물론, 제품 카테고리로 나눈 다음, 여기에 이어지는 형태로 사

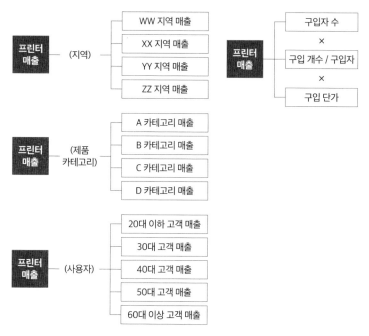

[그림 4-3] 일반적인 매출 분해의 예시(현상 가설)

용자를 연령별로 나누는 등 세분화하는 방법도 있을 것입니다.

가정용 프린터와는 다른 케이스지만, 보다 소비재에 가까운 제품이나 지속적으로 사용하는 서비스(구독형 서비스 등)인 경우에는 동일하게 매출을 분해하더라도 앞선 그림 4-3의 실마리와는 다른 시점으로 생각해 볼 수도 있습니다. 예를 들어, 그림 4-4와 같은 방법입니다.

이 경우에서는 매출을 구성하는 요소를 구매자 시점에서 분해하였습니다. 예를 들어, 같은 매출이라고 하더라도 신규 가입

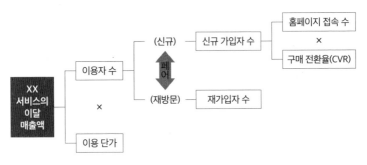

[그림 4-4] 매출을 분해하는 다른 기준(현상 가설)

자의 매출과 재방문 고객의 매출은 성질이 다르므로 이를 구별하여 현상 인식을 해 두자는 발상입니다.

마케팅 등에서 사용하는 다양한 프레임워크(4P, 3C, 구매율과 구매액 등)를 적절하게 사용함으로써 실마리의 신택지가 늘어날 수 있고, 설명한 상대방을 이해시키고 설득하기 쉬워진다는 장점이 있습니다. 하지만, 기존 프레임워크에 필요 이상으로 휘둘리지 않도록 주의할 필요가 있습니다.

## 매출 감소의 요인 가설 만들기

그럼, 이제부터는 가정용 프린터의 매출 감소에서 요인 가설 만들기로 되돌아가겠습니다. 여기서 설명한 것처럼 원래는 전 단계인 STEP 2에서 매출 감소의 해상도를 더 높인 현상 파악을 한 다음, 이를 바탕으로 구체적인 요인을 생각할 필요가 있습니다.

　　　　　　　　　　　일 잘하는 사람은 가설부터 잘 세웁니다

이 케이스에서는 일부러 프로세스(STEP 2)를 건너뛰고, 일반적인 매출 감소를 테마로 가설의 생각의 폭을 넓히기 위한 실천 예시를 소개합니다.

앞서 설명한 바와 같이, 자사 제품의 매출 감소 원인을 담당자에게 물어보면, 제품에 대한 부정적인 요인 가설을 손에 꼽는 경향이 있습니다. 예를 들자면, 다음과 같은 것들입니다.

- 매력적이지 않은 디자인
- 사용법이 불편함
- 가격이 비쌈
- 제품명이 좋지 않음 등

이러한 요인 가설(가설 아이디어)은 이번 케이스인 가정용 프린터에도 적용할 수 있습니다. 그럼, 이러한 가설 아이디어를 출발점으로 한 뒤, 여러분은 어떻게 정리하고 확장할 수 있을까요?

다음 그림 4-5는 앞서 열거한 가설 아이디어를 바탕으로 이를 카테고리로 정리하고, 각 카테고리 안에 들어갈 가설 아이디어를 추가(그림 속 회색 부분)한 로직트리입니다. 가장 처음의 아이디어는 제품 요인의 카테고리와 판매 방법 요인의 카테고리로 모았습니다. 이것들도 하나의 페어라는 관계성이 있습니다.

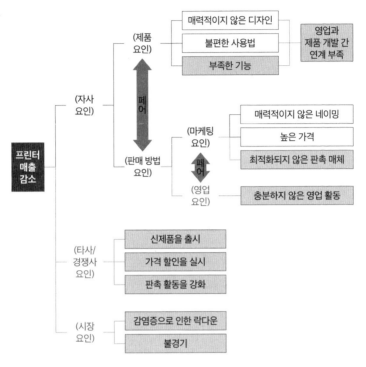

[그림 4-5] 케이스 2 로직트리(제1단계)

한편, 두 개의 카테고리는 자사 요인밖에는 망라하지 않았기 때문에 한 단계 더 카테고리의 추상도를 높여(제품 요인과 판매 방법 요인으로 취합) 자사 요인이라는 카테고리를 만들었습니다.

이에 따라 자사 요인과 더불어 놓일 카테고리에 타사/경쟁사 요인과 시장 요인을 추가해 보았습니다. 또한, 판매 방법 요인 이라는 카테고리도 여전히 막연한 느낌이 들었기 때문에 마케팅 요인과 영업 요인이라는 페어가 되는 카테고리로 모아 보았

일 잘하는 사람은 가설부터 잘 세웁니다

습니다.

그러자 가장 처음에 나열한 가격이나 네이밍에 관한 가설 아이디어는 단지 마케팅 요인 카테고리에 포함되는 것이며, 파는 사람의 문제, 이른바 영업 요인에 관한 요인 가설(가설 아이디어)은 전혀 언급되지 않았었다는 것을 알 수 있게 되었습니다.

이 밖의 실천적 포인트로는 오른쪽 상단의 '디자인이 매력적이지 않음'과 '부족한 기능'이라는 가설 아이디어를 5 Whys 분석으로 깊게 파헤쳐 '영업과 제품 개발 간 연계 부족'이라는 가설 아이디어를 들었습니다.

이러한 가설 아이디어(요인)는 상위에 있는 두 개의 가설 아이디어(디자인과 기능 요인)에 공통되는 것으로, 두 개가 이어져 있다는 점에 주목하시기를 바랍니다.

이렇게 말하면, 세미나나 연수에서 '이렇게 복수의 상자(가설 아이디어)에서 하나의 요인(공통적인 가설 아이디어)으로 이어져도 괜찮을까요?'라는 질문을 종종 받습니다.

물론, 괜찮습니다. 일반적으로 하나의 요인이 복수의 문제를 불러일으키는 것은 얼마든지 가능합니다. 또한, 이 경우에는 하나의 공통된 요인을 해결하는 것만으로 이 때문에 일어나는 복수의 문제를 단숨에 해결할 수 있다는 큰 장점이 있기 때문에, 공통 요인은 중요한 사항이라고 할 수 있습니다.

이러한 요인 가설을 만들기 위하여 생각을 확장하려면 어떤

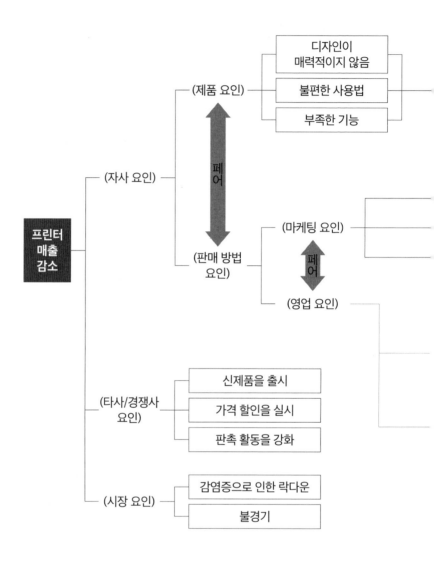

일 잘하는 사람은 가설부터 잘 세웁니다

매력적이지 않은 네이밍

높은 가격

최적화되지 않은 판촉 매체

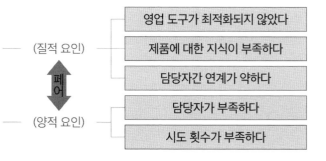

[그림 4-6] 케이스 2 로직트리(제2단계)

노력이 필요할까요.

그림 4-6에서 나타낸 로직트리의 회색 부분을 추가하였습니다. 그림의 로직트리 윗부분에 있는 '영업과 제품 개발 간 연계 부족'이라는 가설 아이디어(요인)은 '먼저 XXX를 해야 하는데 되지 않고 있다'는 문제에서 제가 항상 활용하고 있는 '의식 vs 방법론'의 페어 콘셉트를 사용해 보았습니다.

또한, 영업 요인이라는 카테고리 내용을 조금 더 구체화하기 위하여, 일반적인 오퍼레이션의 문제에서 자주 사용하는 양 Quantity과 질Quality이라는 페어 콘셉트에 대입하여 깊게 파헤쳐 보겠습니다. 이 케이스에서는 지면 관계상 여기까지만 설명하겠습니다만, 노력하기에 따라서는 여전히 가설의 생각 폭을 넓힐 수 있습니다.

일 잘하는 사람은 가설부터 잘 세웁니다

# 마을 인구가 현저하게 감소하고 있다

## 모든 지방 자치 단체에서 공통적으로 발생하는 문제

이러한 인구 감소 문제는 컨설턴트로서 주로 지방 자치 단체를 도울 때 어느 지역이든 공통적으로 발생하고 있는 심각한 문제 중 하나입니다. 이 케이스에서는 요인 가설을 작성하는 방법에 초점을 두고 설명하겠습니다. 마을의 담당자에게 들은 인구 감소의 요인에 관한 자주 등장하는 의견(일단, 생각하기), 이른바 가설 아이디어(요인 가설의 후보)는 다음과 같습니다.

- 매력적인 관광지가 적다
- 젊은 사람이 취학으로 떠난 뒤 돌아오지 않는다
- 젊은 사람이 적어서 태어나는 아이도 적다
- 교통 시설이 안 좋아서 이주자가 적다
- 대규모 산업이나 대기업이 없다

## 생각을 정리하여 가설로 확장하기

그렇다면, 여러분이라면 이러한 자주 등장하는 의견(일단, 생각하기, 가설 아이디어)을 어떻게 정리하고 어떻게 넓혀 나갈지 생각해 보세요. 다음의 그림 4-7은 우선 나열해 본 인구 감소 요인에 관한 가설 아이디어를 정리한 것입니다. 여기에서 주목해 주셨으면 하는 점은, 이러한 마을의 담당자의 일단, 생각하기에서의 가설 아이디어에는 마을에 살고 있는 내부 사람들이 바라본 요소와 마을의 바깥에서 마을을 바라보았을 때의 요소가 혼재되어 있다는 점입니다.

마을의 인구 감소라는 문제를 다룰 때는 마을의 안과 밖 양쪽에 다양한 요인이 있고, 각각의 요인에 대하여 제대로 된 대책이

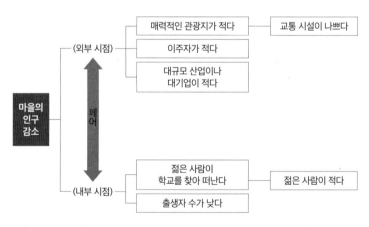

[그림 4-7] 마을의 인구 감소의 요인 가설(가설 아이디어)을 정리한 실마리

일 잘하는 사람은 가설부터 잘 세웁니다

필요하다는 인식을 가지고, 그림 속의 가설 아이디어를 크리티컬 씽킹 관점으로 바라보았습니다. 그 결과, 외부 시점이나 내부 시점과 같은 카테고리로 몇 가지 요인 가설(가설 아이디어)을 도출해 낼 수 있을 것 같습니다.

게다가, 일단 떠오른 의견으로 요인을 맨 처음부터 결론이라 결정해 버리는 경우도 적지 않습니다. 예를 들어, 이 케이스에서는 젊은 사람이 적어서 태어나는 아이도 적다는 것과 교통 시설이 안 좋아서 이주자가 적다는 두 가지 가설 아이디어(일단, 생각하기)가 들어맞습니다. 전자라면, 출생자 수가 낮다는 것은 분명 인구 감소의 커다란 요인 중 하나라고 생각하지만, 출생자 수가 낮은 요인은 반드시 젊은 사람이 적다는 게 이유가 되지는 않습니다.

그러나, 이러한 단 하나의 요인이라고 단정 짓고, 이대로 '젊은 사람이 적어서 태어나는 아이도 적다'라고 수용해 버린다면, '출생자 수가 낮다'라거나 하는 다른 요인에 생각이 미치지 못할 리스크가 있습니다.

그렇기 때문에 크리티컬 씽킹으로 도출된 가설 아이디어는 일단, 비판적으로 바라볼 필요가 있습니다. 간단하게 다음과 같이 가설 아이디어를 체크해 봅시다.

**도출된 가설 아이디어에 대한 요인을 이미 결정해 버린 것은 아닐까, 처**

음부터 생각이 좁혀지지 않았을까?

마찬가지로 이 케이스에서는 '이주자가 적은' 요인의 가설 아이디어로써, '교통 시설이 나쁘다'뿐만 아니라, 더 많은 아이디어를 얻기 위하여, '이주자가 적음'과 '교통 시설이 나쁘다'를 분리해 보겠습니다. 구체적으로는 이주자가 적음의 요인 카테고리로써 행정적 요인, 산업 요인, 마을의 매력 요인을 추가하였습니다.

그런 다음으로 이러한 카테고리와 연결되는 다른 요인(가설 아이디어)를 더한 로직트리가 그림 4-8입니다. 그림 속 회색 부

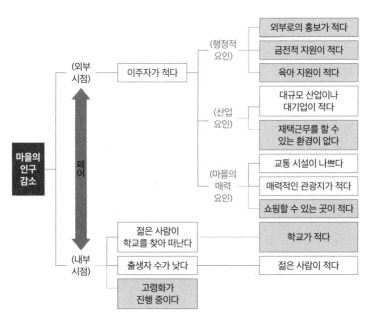

[그림 4-8] 케이스 3 로직트리(제1단계)

　　　　　　　　　일 잘하는 사람은 가설부터 잘 세웁니다

분은 추가 및 수정된 부분을 가리킵니다.

외부 시점으로 이어지는 부분을 대폭 수정하였습니다. '대규모 산업이나 대기업이 적다'나 '교통 시설이 나쁘다'와 같은 것도 곰곰이 생각해 보면 결국, 외부로부터의 이주자가 적음이 요인이라는 생각이 들었기 때문입니다. 이를 정리하기 위하여 행정적 요인, 산업 요인, 마을의 매력 요인이라는 카테고리로 정리하고, 이 중에서 부족하다고 생각되는 가설 아이디어를 각각 카테고리의 프레임 속에 추가하였습니다.

역시나 카테고리로 정리하는 것의 효과를 가설 작성을 위한 구조화를 실천하면서 통감하고 있습니다.

여기까지 대략 마을의 인구 감소 요인을 밝혀냈다고 생각하지만, 좀 더 깊게 파헤쳐 보면 어떻게 될까? 여전히 가설 아이디어를 추가할 수 있을 것 같지만, 여기에서 관점을 바꾸어서 지금까지 나열한 가설 아이디어끼리의 관계성을 재검토해 보겠습니다.

눈앞의 가설 아이디어는 엄밀하게 외부 시점과 내부 시점을 구별하기 어려운 것이 있을 수 있습니다. 혹은 양쪽 다 관계되는 요인도 있을 것입니다.

예를 들어, 젊은 사람이 학교를 찾아 떠난다는 것은 학교가 적다는 이유만으로는 설명하기 어렵습니다. 다른 가설 아이디어를 살펴보면, 교통 시설이 나쁘다는 이유로 옆 마을의 학교까지 통학이 어려웠을 수도 있습니다. 대규모 산업이나 대기업

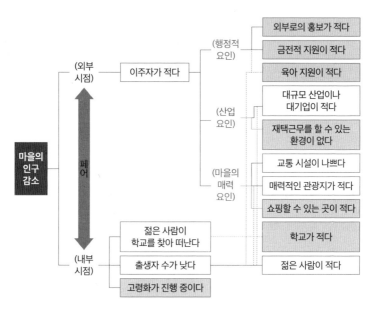

[그림 4-9] 케이스 3 로직트리(제2단계)

에서 일하고 싶어 하는 사람은 이 마을에서는 취업할 곳이 없습니다.

그렇다면, 그림 4-9의 점선에서 나타내는 것처럼 이미 외부 시점의 카테고리로 꼽은 몇 가지 요인과도 연결할 수 있을 것입니다. 마찬가지로 출생자 수가 낮다는 요인으로 육아 지원이 적다는 요인도 이어질 수 있습니다.

하지만, 여기에서의 목적은 엄밀하게는 모든 관계성을 밝혀내는 것이 아닙니다. 이보다는 어떤 요인(가설 아이디어)이 복수의 상위 요인과 많이 연결될수록 그 요인을 해결해야 하는 중요

일 잘하는 사람은 가설부터 잘 세웁니다

성이 높다는 것을 의미하며, 이러한 요인을 규명할 수 있는지에 가치가 있습니다. 중요한 요인이 어디에 존재하는지 자기 나름의 분석으로 찾아 두는 것은 나중에 해결 방안이나 결론을 작성할 때 도움이 되기 때문입니다.

이 케이스에서는 앞서 열거한 '육아 지원이 적다', '대규모 산업이나 대기업이 적다', '교통 시설이 나쁘다'라는 세 가지 요인(가설 아이디어)이 이에 해당하는 것 같아 보입니다. 물론, 가설 아이디어끼리의 관계성을 더욱 깊이 살펴보면 결론이 조금은 바뀔 수도 있을 것입니다.

여러분이라면 이 요인 가설을 어떻게 구축하고, 어떤 결론을 이끌어 낼 수 있을까요? 스스로 생각해 봅시다.

# 야근 시간이 줄어들지 않는다

## 요인 가설 만들기

재택근무가 도입된 기업과 같은 곳에서는 이른바 야근 문제가 옛날 일일 수도 있습니다. 하지만, 이를 야근의 문제에서 비효율적인 업무 진행이라는 관점에서 보면, 어느 직장이든 발생하는 보편적인 문세로 인식할 수 있습니다. 그럼, 이 문제를 함께 고민해 봅시다.

먼저, 문제 해결 프로세스 STEP 2에서의 현상 파악을 해야 합니다만, 이는 간단하게 요일이나, 월과 같은 시간 기준과 어느 직종, 어느 부서(혹은 특정인)와 같은 장소나 사람을 실마리로 야근이 많은 시기나 장소, 직종 등을 규명하는 경우가 많을 것입니다.

물론, 업무 프로세스별로 구분하여, 어느 프로세스에서 가장 비효율적인 업무가 존재하는지를 살펴보는 것도 유효할 것입니다.

STEP 2의 현상 파악은 그다지 어렵지 않으므로 다음 STEP

3(요인 규명)에서의 요인 가설 만들기부터 살펴봅시다.

어떤 직장에서라도 야근 시간이 많은 요인으로 맨 처음 손에 꼽을 만한 가설 아이디어는 다음과 같은 것들을 생각해 볼 수 있습니다.

- 과다한 업무량
- 엄격한 상사
- 사무실 분위기 (나 홀로 귀가하기 눈치 보임)
- 여유 없는 마감 일정

지금까지와 마찬가지로 위의 가설 아이디어를 바탕으로 생각할 수 있는 요인 가설을 로직트리를 활용하여 정리해 봅시다.

그림 4-10에서는 앞서 열거한 네 가지 가설 아이디어를 업무와 근무 환경이라는 카테고리로 정리하였습니다. 카테고리를 조정하여 생각의 폭을 넓혀 보는 것도 좋으며, 5 Whys 분석

[그림 4-10] 케이스 4 로직트리(제1단계)

을 통하여 가설 아이디어의 오른쪽을 더욱 깊게 파헤쳐 나가는 것도 좋을 것입니다. 여러분은 어떻게 가설의 생각의 폭을 넓혀 나갈지 스스로도 생각해 보시기 바랍니다.

## 가설 아이디어 확장하기

우선, 엄격한 상사라는 가설 아이디어를 힌트로 직장 환경에 관한 요인과 그곳에서 일하는 사람의 요인은 별개의 것(해결하는 수단이 다른)이라고 생각하고, 다음 그림 4-11에서 나타내는 것

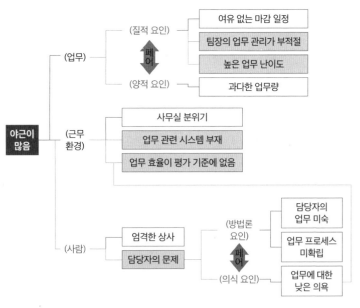

[그림 4-11] 케이스 4 로직트리(제2단계)

일 잘하는 사람은 가설부터 잘 세웁니다

처럼 제1단째의 사람 카테고리를 추가하였습니다.

업무 카테고리에서는 이것도 업무 오퍼레이션에 관한 것이므로 양과 질의 페어 콘셉트(질적 요인과 양적 요인)를 먼저 배치하고, 그 안에 들어갈 것들을 생각해 보았습니다. 이미 열거한 여유 없는 마감 일정이라는 가설 아이디어에 더하여 일의 질을 업무 내용과 이를 관리/조정/매니지먼트하는 것으로 간주하고, 높은 업무 난이도와 팀장의 업무 관리가 부적절을 추가하였습니다.

사람 카테고리에서는 상사와 담당자의 문제로 나누고, 담당자에게 문제가 있다는 것(해야 할 일을 하지 않았다)에 대하여 방법론 vs 의식의 페어 콘셉트를 대입하고, 방법론 요인과 의식 요인이라는 두 가지 카테고리로 나누어 보았습니다.

또한, 의식 요인이라는 카테고리 내에서 세운 빨리 끝내려는 의욕이 없다는 요인의 하나로 근무 환경 카테고리 내에서 세운 업무 효율이 평가 기준에 없다가 있을 것이라 생각하고 연결하였습니다.

이로써 많은 요인 후보(가설 아이디어)가 도출되었지만, 한 걸음 더 나아가기 위해서는 어떻게 하면 좋을까요?

먼저, 담당자의 문제라는 요인 가설에 대하여, 담당자도 업무 오퍼레이션을 하는 주체이므로 다시 한번 양과 질이라는 페어 콘셉트를 대입하여, 그림 4-12에서 나타낸 것처럼 질적 요인과

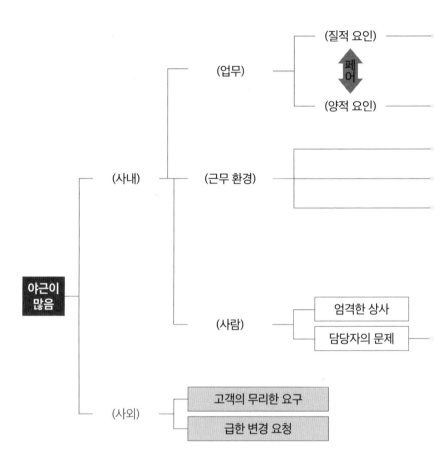

일 잘하는 사람은 가설부터 잘 세웁니다

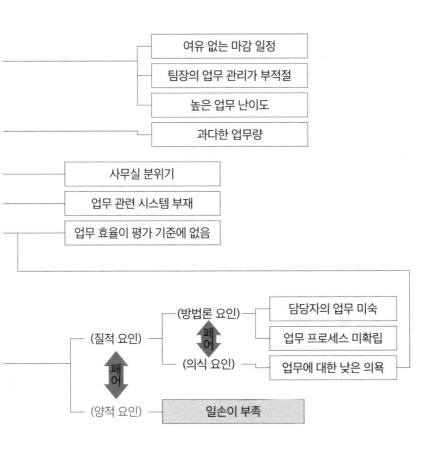

여유 없는 마감 일정

팀장의 업무 관리가 부적절

높은 업무 난이도

과다한 업무량

사무실 분위기

업무 관련 시스템 부재

업무 효율이 평가 기준에 없음

(질적 요인)

(방법론 요인)

담당자의 업무 미숙

업무 프로세스 미확립

(의식 요인)

업무에 대한 낮은 의욕

페어

(양적 요인)

일손이 부족

페어

[그림 4-12] 케이스 4 로직트리(제3단계)

양적 요인이라는 두 가지 카테고리로 나누었습니다. 그러자, 일손이 부족하다는 기본적인 내용이 빠져 있었다는 것을 알아차리게 되었습니다.

또한, 앞의 그림 4-11의 로직트리 전체를 보면, 그림 속 요인가설의 후보(가설 아이디어)는 전부 자사 내에서 비롯된 요인이라는 것을 알아챌 수도 있을 것입니다. 그러면, 추상도를 한 단계 올린 페어로 '사내 vs 사외'라는 카테고리를 만들어 보는 것도 유효하지 않을까요? 그 결과, 사외를 고객이라고 보면, 자사 내의 요인만이라고는 설명할 수 없는 야근이 많은 원인이 있다는 것을 알 수 있게 될 것입니다.

지면과 시간이 허락한다면, 여전히 기설의 생각을 확장할 수 있을 것 같은데 여러분은 어떠신가요.

일 잘하는 사람은 가설부터 잘 세웁니다

# 서비스나 이벤트 방문객을 늘리고 싶다

## 설문이나 조사를 할 때 빠지기 쉬운 함정

자사 서비스에 직결되는 스마트폰 애플리케이션이나 Web 기사의 발간, 기업이 주최하는 다양한 이벤트 등 인터넷과 오프라인 모든 곳에서 더 많은 사람들이 참가하고 이용해 주길 바라는 분이 많으실 겁니다. 하지만, 현실은 생각한 만큼 이용자나 참가자가 늘지 않아 고민이라는 말을 다양한 업계의 기업을 서포트하면서 종종 듣고 있습니다.

객관적인 정보를 바탕으로 어디에 문제가 있고, 어떻게 해결해야 하는지를 판단해야 하기 때문에 설문이나 다른 조사를 실시하는 등의 방법으로 정보 수집을 해야 합니다.

설문이든 다른 조사든 어디쯤 요인이 있고, 어떤 대책으로 이어 나갈 수 있는지에 대한 가설을 가지고 설문이나 조사의 질문 항목을 선정해야 합니다. 여기에서는 이를 위한 요인 가설을 찾는 케이스를 들어보았습니다.

이러한 케이스에서 많은 접근법은 'XX 서비스를 이용한 사람은 어떠한 목적이 있고, 어떤 이유로 이용하였는가?'를 분석하려고 하는 것입니다. 물론, 인터넷 서비스라면 이용자에 관한 다양한 데이터를 입수하는 것도 가능하고, 이러한 분석이나 검증도 비교적 용이할 것입니다.

그렇다면 만약, 'XXX라는 목적을 가진 사람들이 ○○라는 이유로 주로 서비스를 이용하고 있다'라는 것을 알게 되었다면, 그 부분을 강화하는 것으로 기대한 만큼의 이용자 증가로 이어지게 될까요?

서비스 이용자와 같은 목적이나 필요성을 가진 또 다른 그룹을 알아낸다면 이용자는 어느 정도 늘어날 것입니다. 하지만, 지금까지 이용 또는 참가한 적이 없는 사람에 대한 접근은 완전히 빠져있지 않나요?

실제로는 이용한 적이 있는 사람 및 그 목적이나 수요에 가까운 사람의 그룹보다도 지금까지 이용한 적이 없는 사람의 그룹

[그림 4-13] 이용자를 늘리기 위한 주목해야 할 요인의 두 가지 측면

일 잘하는 사람은 가설부터 잘 세웁니다

쪽이 압도적으로 큰 상황은 드물지 않습니다.

그렇다면, 사실은 커다란 물고기(지금까지 이용한 적이 없는 그룹)를 시야(가설)에서 제외하고 있는 것일지도 모릅니다. 이점도 충분히 고려한 다음, '누구에게 무엇을 물어볼 것인가?', '누구로부터 어떤 정보를 입수할 것인가?'를 가설로 넣어 둘 필요가 있습니다.

이에 대해서도 자신이 생각하고 있는 범위나 내용을 지금까지의 경우와 마찬가지로 구조화 및 가시화하여 해결할 수 있을 것입니다. 그렇다면, 실제로 요인 가설을 만들어 보도록 합시다.

첨언을 드리자면, 이 요인 가설에 기반하여 설문 조사의 질문 항목을 작성할 때는 질문 항목과는 별도로 답변자의 속성(연령이나 성별, 거주 지역 등)이나, 이 서비스를 알게 된 계기와 같은 기본적인 내용도 함께 물어보아야 할 것입니다. 이를 통하여 어떤 속성의 사람이 어떤 요인으로 이용하는지, 또는 이용하지 않는지에 대한 경향을 더욱 자세하게 파악할 가능성이 있기 때문입니다.

## 요인 가설을 정리하기

그림 4-14에서는 먼저 이용한 사람과 아직 이용하지 않은 사람의 각각의 이유, 즉 이용 요인과 미이용 요인의 페어를 가장 처

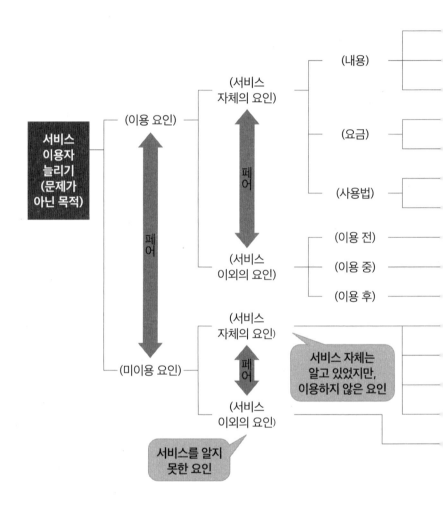

일 잘하는 사람은 가설부터 잘 세웁니다

<table>
<tr><td>난이도가 적절하다</td><td></td></tr>
<tr><td>콘텐츠가 재미있다/도움이 된다</td><td></td></tr>
<tr><td>시간의 길이가 적당하다</td><td></td></tr>
<tr><td>다른 서비스보다 저렴하다</td><td></td></tr>
<tr><td>다양한 플랜 선택이 가능하다</td><td></td></tr>
<tr><td>필요한 부분만 선택이 가능하다</td><td></td></tr>
<tr><td>조작 방법이 알기 쉽다</td><td></td></tr>
<tr><td>적절한 타이밍에 알려준다</td><td></td></tr>
<tr><td>다양한 참가 장소가 있다</td><td></td></tr>
<tr><td>후기를 남기면 응대해 준다</td><td></td></tr>
<tr><td>흥미를 가지지 않았다</td><td></td></tr>
<tr><td>너무 길다</td><td></td></tr>
<tr><td>요금이 비싸다</td><td>지인 중에 이용하는 사람이 없다</td></tr>
<tr><td>스케줄이 맞지 않다</td><td>TV나 신문을 보지 않는다</td></tr>
<tr><td>서비스 자체를 알지 못했다</td><td>광고는 전부 건너뛴다</td></tr>
</table>

**[그림 4-14]** 케이스 5 로직트리(요인 가설을 정리하기)

음에 작성하였습니다. 각기 다른 요인이 배경에 있기 때문에 양쪽을 알고 난 다음 대책을 세워 나가야 할 것으로 생각했습니다. 이 점을 놓치지 않도록 첫 번째 단에 양쪽의 카테고리를 배치하였습니다.

다음으로는 요인의 범위를 서비스에 한정하지 말고, 제공하는 서비스 이외의 요인도 있을 것이라는 가설을 바탕으로 서비스 자체의 요인과 서비스 이외의 요인의 페어 카테고리를 만들었습니다.

이처럼 제멋대로 개별 가설 아이디어를 늘어놓는 것이 아니라, **전체라는 큰 프레임**을 빈틈이 없도록 카테고리 접근법이나 페어 콘셉트를 구사하면서 조립해 나가는 것입니다.

이용 요인의 서비스 자체에 관한 카테고리로써 내용, 요금, 사용법과 같은 세 가지를 만들었습니다. 이는 마케팅에서 유명한 개념인 4P Product 제품, Price 가격, Place 유통, Promotion 프로모션를 염두에 두고, 마지막의 프로모션을 제외한 세 개로부터 차용하였습니다. 거기에 프로모션에 관한 부분을 서비스 이외의 요인 카테고리에 배치하였습니다. 더불어, 그 안에는 '이용 전'과 '이용 중', 그리고 '이용 후'라고 하는 세 가지의 시간 흐름에 따른 카테고리로 구분하였습니다.

이렇게 프레임(카테고리)을 만들고 나서, 그 내용(가설 아이디어)을 각각의 프레임 안에서 생각하며 나열해 보았습니다. 이 또한 지면의 제약으로 전부 다 쓸 수는 없었지만, 훨씬 더 많은 가설을 만들어 낼 수 있을 것이라 생각합니다.

마찬가지로 미이용 요인에 대해서도 서비스 자체의 요인과 서비스 이외의 요인의 페어로 나누어서 프레임(카테고리)을 만들었습니다. 이 페어의 의미를 다시 생각해 보면, 전자는 서비스 자체는 알고 있었지만, 이용하지 않은 요인, 후자는 서비스를 알지 못한 요인으로 해석할 수도 있을 것입니다. 페어 카테고리의 표기를 그렇게 바꾸어 보는 것도 괜찮을 수도 있습니다.

나중에라도 필요에 따라서 적절한 카테고리를 만들고, 그 안에서 요인(가설 아이디어)을 생각해 보면 됩니다.

그리고 '서비스 자체를 알지 못했다'라는 가설 아이디어를 여기에서 끝내 버리면, 그 대책으로 '서비스를 알리려면 어떻게 해야 할까'라는 단순하게 요인을 거꾸로 뒤집어서 현실성이 낮은 대책이 나올 수도 있다는 것을 쉽게 상상할 수 있습니다. 그래서, 한 번 더 5 Whys 분석을 통하여 깊게 파헤치기를 실시하고, '지인 중에 이용하는 사람이 없다', 'TV나 신문을 보지 않는다', '광고는 전부 건너뛴다'라는 세 가지 가설 아이디어를 추가해 보았습니다.

서비스 이용자를 늘리기 위한 가설을 위와 같이 생각한 다음, 이를 바탕으로 설문 조사의 질문 항목 작성에 활용하면 누락이 줄고, 각 질문의 관계성이나 위상이 명확해지지 않을까요?

다만, 가설 작성과는 별개로, 현실적으로 고민스러운 점은 서비스를 이용하지 않은 사람을 어떻게 밝혀내고, 어떤 정보를 입수할지에 대하여 검토하고 실현하는 것이 결코 쉽지 않다는 것입니다.

만약, 어려울 경우에는 이용자 정보로부터 파악한 좋았던 점을 더욱 확장하는 대응만이 실제로 가능한 것이지만, 앞서 설명한 것처럼 대책은 반드시 미이용자의 이용을 촉진한다는 보장은 할 수 없다는 것입니다.

가설을 작성하면서 이러한 점을 어떻게 극복할 것인가, 또는 이를 고려하면서 가설을 작성할 것인지 검토해야 합니다.

일 잘하는 사람은 가설부터 잘 세웁니다

# 사내의 디지털화가 더디다

## 카테고리부터 생각하기

일상적인 업무나 고객 서비스의 비용 절감, 효율화 등을 디지털화(IT화)를 통하여 실현하려는 움직임이 많은 회사에서 추진되고 있습니다.

한편, 디지털화를 하더라도 비용 절감이나 효율화가 좀처럼 실현되지 않은 회사나, 디지털화를 추진할 분위기가 전혀 느껴지지 않는 회사도 있습니다. 디지털화를 추진하지 않으면 세상과의 경쟁에서 뒤쳐질 수도 있다는 위기의식에서 추진하려고 하는 경우에는 '왜 지금까지 디지털화를 추진하지 못했나?', '해소해야 할 장벽은 무엇인가?'를 이해하지 못한다면, 사내 디지털화의 과정이 힘들 뿐만 아니라, 실패로 끝나버릴 리스크가 높아집니다.

이 케이스에서는 일반적인 회사 내에서 디지털화가 더딘 요인에 대하여 생각해 봅시다. 일단, 생각하기를 통한 요인(가설 아이디어)은 다음과 같습니다.

- 경영진의 추진 의지가 낮다

- 변화에 대한 구성원들의 의식이 낮다

- 회사 내에 전문가가 없다

- 무엇을 해야 할지 모른다

- 예산이 없다


지금까지의 경우와 마찬가지로 먼저 이러한 가설 아이디어를 바탕으로 구조화를 진행하는 것도 가능합니다. 한편, 더 높은 능력의 향상을 목표로 하는 사람은 이 아이디어를 머릿속에 넣어둔 채, 백지상태로 구조화하는 것에 도전을 해 보시기 바랍니다.

이러한 경우, 어떤 카테고리로 프레임을 정하면 될 것인지부터 생각하면 좋을 것입니다. 처음부터 적절한 구조화를 할 수 없더라도 작업 도중에 시행착오를 겪으면서 조정, 변경하면 됩니다. 우

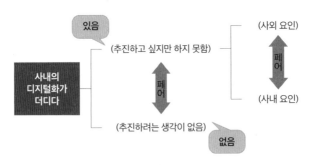

[그림 4-15] 케이스 6 로직트리(제1단계)

선은 손부터 움직여 봅시다. 그리고, 손을 움직이면서 생각해 봅시다.

그림 4-15에서는 가장 처음에 떠오른 구체적인 가설 아이디어를 일단 제쳐두고, 먼저 전체 프레임을 카테고리로 작성하였습니다. '해야 할 일을 하지 않는다'라는 문제에 대해서는 '방법론 vs 의식'이라는 페어 콘셉트를 사용하는 경우가 많습니다만, 이번에는 '있음 vs 없음'의 페어 콘셉트를 사용하여 최초의 카테고리를 구분하였습니다.

여기에서 있음이란, '추진하고 싶지만 하지 못함(의욕은 있으나, 하지 못함)'은 요인이며, 없음은 '추진하려는 생각이 없음(의욕

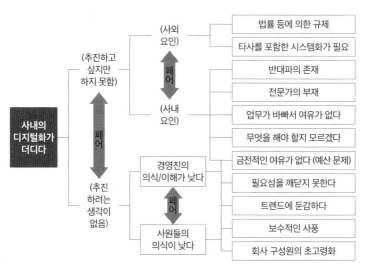

[그림 4-16] 케이스 6 로직트리(제2단계)

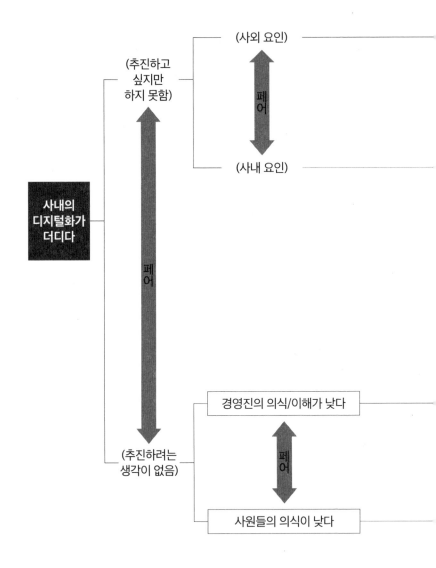

일 잘하는 사람은 가설부터 잘 세웁니다

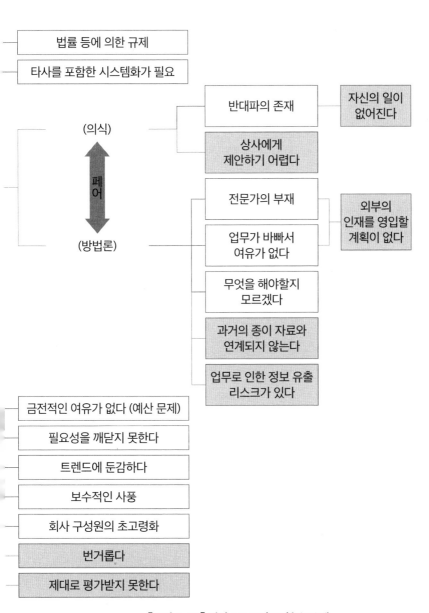

법률 등에 의한 규제

타사를 포함한 시스템화가 필요

(의식)

반대파의 존재

자신의 일이 없어진다

상사에게 제안하기 어렵다

페어

전문가의 부재

외부의 인재를 영입할 계획이 없다

업무가 바빠서 여유가 없다

(방법론)

무엇을 해야할지 모르겠다

과거의 종이 자료와 연계되지 않는다

업무로 인한 정보 유출 리스크가 있다

금전적인 여유가 없다 (예산 문제)

필요성을 깨닫지 못한다

트렌드에 둔감하다

보수적인 사풍

회사 구성원의 초고령화

번거롭다

제대로 평가받지 못한다

**[그림 4-17] 케이스 6 로직트리(제3단계)**

이 없음)'이라는 의미입니다. 전자인 '있음' 중에는 '방법론'에 관한 요인뿐만 아니라, 더 넓은 곳에 요인이 있을 것 같은 경우, 이 '있음 vs 없음' 페어 콘셉트가 '방법론 vs 의식'의 페어에 비해 더 유연하고 유효합니다.

게다가 '추진하고 싶지만 하지 못함'이라는 카테고리 속에는 사내 요인과 사외 요인이 있을 것이라 생각했습니다. 제가 이러한 생각에 이른 이유는 '사내에서 예산을 확보하지 못한 경우나 반대파가 다수 있거나 하는 경우는 어렵다'라는 것을 쉽게 상상할 수 있고, 공공기관 같은 곳을 서포트하고 있는 제 입장에서는 업무 내용에 따라서는 자신들의 의지만으로는 간단하게 디지털화를 단독으로 추진할 수 없는 업무도 있다는 것을 알고 있기 때문입니다. 그러한 의미에서는 어느 정도 자신의 예비 지식을 바탕으로 하여, 이를 일반화하는 것으로 카테고리를 생각하고 있습니다.

다음으로 카테고리에 들어갈 구체적인 가설 아이디어를 생각해 보도록 하겠습니다. 사전에 카테고리(프레임)가 주어지면, 아무래도 가설 아이디어를 정리하기 쉽고, 생각하기도 쉬운 것을 실감합니다.

가장 처음에 작성한 카테고리를 따라, 아이디어를 채워 나간 로직트리가 앞의 그림 4-16입니다. 이것만으로도 그럭저럭 망라성과 논리성이 있는 것처럼 보이지만, 한 번 더 넓히고, 깊게 파헤치려면 어떻게 하는 것이 좋을까요?

그림 4-17은 생각을 조금 더 깊게 파헤친 일례입니다. 회사에 따라서는 여전히 디지털화가 더딘 요인이 있을 수도 있기 때문에 회색으로 추가한 부분을 나타냈습니다. 특히 사내 요인 카테고리를 '방법론 vs 의식'이라는 페어 콘셉트로 나누는 것으로 각 카테고리에 들어갈 가설 아이디어를 추가로 생각하기 쉽게 되었습니다.

또한, 구조화해 나가는 과정에서 복수의 가설 아이디어와 연결성을 가지는 가설 아이디어가 나오게 될 것입니다. 필요 이상으로 가설 아이디어 간의 관계성을 명확하게 밝혀내는 것에 집착할 필요가 없다는 것은 이미 설명하였지만, 적어도 이 뒤의 프로세스인 STEP 4에서 해결 방안(결론)을 검토할 때는 이러한 복수의 요인(가설 아이디어)에 이어지는 요인(가설 아이디어)을 우선적으로 확인해 두는 것이 중요합니다. 왜냐면, 그 요인을 해결함으로써 복수의 상위 요인을 해결할 수 있기 때문입니다.

## 가설 작성 능력 향상에 필요한 것

이상의 여섯 가지 실천 케이스에서 가설 작성 생각법의 순서와 테크닉을 응용한 실례를 소개하였습니다. 제3장까지의 내용을 연수나 세미나, 대학교 수업과 같은 곳에서 소개한 다음, 몇 가지 연습을 하면, '더 많은 연습을 해 보고 싶다'거나, '무언가 샘플이 되는 케이스는 어디서 찾을 수 있을까요'라는 의견을 받는 경우가 많습니다.

여기에서 소개한 케이스가 조금이나마 도움이 되면 좋겠다는 생각을 하는 한편, 이렇게 정답이 없는 과제에 대하여, 필요 이상으로 타인의 방법이나 생각에 물들지 않는 것도 중요합니다. 부디 여기에서 소개한 케이스를 이해하는 것으로 끝내지 말고, 여기에서 소개한 케이스 이외의 문제, 예를 들면, 자신의 담당 업무의 문제, 조직의 문제 등을 시간을 내어 생각해 보는 것도 괜찮을 것입니다. 이러한 것이 가설 작성 능력을 향상하는 지름길입니다.

또한, 이 장에서 소개한 케이스의 대부분은 카테고리 접근법이나 페어 콘셉트와 같은 테크닉을 사용하지만, 가설을 넓혀나가는 프로세스와 생각법을 소개하는 것이 주된 목적이었습니다. 일반적인 문제에 대한 요인 가설 작성을 스스로 시작할 수 있기 때문에 여기에서 도출되는 가설의 수나 넓이는 매우 많아집니다.

하지만, 문제 해결 혹은 기획 제안 프로세스의 STEP 2 현상 파악에서 문제를 추려내는 것이 충분히 되어 있다면, 추려진 문제에 대한 요인 가설을 생각하게 되어, 이 장에서 다룬 케이스만큼 가설의 생각을 확산하는 것은 적을 것이라 생각합니다. 즉,

'왜 매출이 떨어졌을까?'보다도 '8월 간토 지방에서 60대 남성의 매출이 왜 떨어졌을까?'의 이유를 생각하는 것이 보다 구체적으로 좁혀진 범위에서 요인과 가설을 검토할 수 있는 것입니다. 따라서, 원래는 STEP 2단계에서 문제나 현상의 해상도를 올려서 현상 파악을 하도록 합시다.

제5장

# 데이터 분석을 통한 가설 검증

# 15

# 주관적인 가설을 객관적인 데이터로 검증하기

## 데이터를 활용한 가설 검증의 장점

이번 장에서는 목표 달성을 위하여 설정한 가설, 구체적으로는 현상 가설과 요인 가설을 검증하는 수단 중 하나인, 데이터를 활용한 방법을 소개하겠습니다. 물론, 데이터의 활용 자체는 가설을 검증하는 수단 중 하나에 불과합니다. 그렇지만, 다음과 같은 관점에서 생각하면 아주 유효한 수단이라고 생각합니다.

①자신이 직접 알아낼 수 없는 객관적 정보를 폭넓게 알 수 있다

②정보를 수집하기에 용이하고, 수집한 것을 정리하고 가공하기 쉽다

③지표나 그래프 등으로 집약하는 것으로써 상대방에게 전달하기 쉽고, 이해시키기 쉽다

특히, ①은 아무리 가설을 망라적이고 논리적으로 완벽한 형태로 만들었다고 하더라도 이는 어디까지나 '주관'의 영역을 벗어날 수 없습니다. 이러한 가설을 자신이 가지고 있는 (알고 있는) 주관적인 정보만으로 '이 가설대로 될 겁니다. 나는 알고 있어요'라고 주장하더라도 아무도 납득하지 못할 것입니다. 이 때문에 보다 널리 정보를 수집하는 객관적 검증이 중요한 것입니다.

또한, 이 책은 데이터 분석을 위한 책이 아니므로 자세한 방법론이나 생각법에 대해서는 제가 쓴 다른 책을 참고해 주시기를 바랍니다. 다음으로 효과적으로 빠르게 활용할 수 있는 가설의 검증법을 소개하고자 합니다.

## 가설을 검증할 때 빠지기 쉬운 심리 상황

방법론을 소개하기 전에 매우 중요한 생각법을 다시 한번 확인해 봅시다. 실제로 가설을 검증하는 단계가 되면, 자신이 만든 가설이 '올바른지'를 증명하고 싶은 심리 상황에 빠지기 쉽습니다.

**'자신의 가설과 들어맞으면 O, 그렇지 않다면 ×'**라고 생각하는 것입니다. 그렇게 되면, 나도 모르게 검증 목적이 '나의 가설이 올바른지를 입증'하는 것으로 뒤바뀌어 버리고 맙니다. 결과적으로 유리한 정보나 데이터를 무의식적으로(때로는 의식적으로) 모으기 시작하고, 가설에 들어맞는 결과가 나올 때까지 데이터의 기간을 바꾸어 보거나, 예외 값과 같은 수치까지 데이터에 끼워 넣거나 삭제하거나 하면서 요리조리 '가공하는' 작업을 반복하게 됩니다.

이런 상황, 어디에선가 보지 않았나요? 내일까지 어떻게든 기획서를 완성하여 부장님에게 승인을 받아야 하는 경우는 실무 현장에서 종종 있는 일입니다. 그럴 때 사람은 **짧은 시간 안에** (모두가 납득하고 승인하기 쉬운) **유리한 결과만**을 찾게 됩니다. 직장 생활을 오래 한 저도 그 기분은 누구보다도 이해합니다.

**하지만, 이 시점에서 이미 올바른 가설을 만든 노력은 전부 물 거품이 되었습니다.** 가설은 어디까지나 가능성을 넓게 확장한 것이며, 모든 것이 사실이 될 가능성은 낮은 것을 전제로 하고 있습니다. 따라서, 이렇게 검증을 함으로써 어디까지가 사실이며, 어느 부분은 사실이라고 하기에 무리가 있는지를 '판별'하는 것이 목적입니다.

따라서 **'검증해 보니 가설대로 되지 않았다'**라는 것은 하나의 사실이 판명되었다는 의미이며, **'실패가 아니라, 오히려 성공'**이라고 평가해도 좋습니다.

예를 들어, '항상 여러분이 XXX라고 하던 것을 전제로 업무를 하고 있지만, 그 전제(가설)를 데이터로 객관적으로 검증해 보니, 반드시 그렇지만도 않았다'라는 내용(사실)은 매우 높은 가치의 정보이며, 지금까지 효과가 없었던 방책이나 업무를 한

번쯤은 되짚어보고, 개선하는 계기가 될 수 있기 때문입니다.

그럼, 지금까지의 내용을 염두에 두고 데이터를 사용한 실제 검증 테크닉이나 포인트에 대하여 설명하도록 하겠습니다.

# 16

# 현상 가설을 데이터로 검증하려면?
## - 비교 및 평가 시점

## 현상 가설 검증에서 확인할 점

문제 해결 혹은 기획 제안 프로세스의 STEP 2에서 필요한 현상 파악이란, 단순히 지금 어떤 상황인지 안다고 해서 되는 것은 아닙니다. 목적에 맞는 적절한 실마리로 해상도를 올리고, 가능한 구체적으로 현상과 문제를 객관적으로 클로즈업하는 것을 목표로 합니다.

예를 들어, '매출 감소를 상품별로 구분하여 분해하고 문제점(현상)을 파악하고 싶다'라는 가설에 대하여, 데이터를 가지고 어떻게 검증하면 될까요?

이런 질문을 받으면 대부분은 '상품별 매출 실적 데이터를 모아서 그래프로 만들면 좋지 않을까?'라고 대답할 것입니다. 그

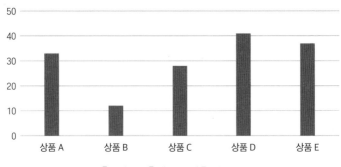

[그림 5-1] 상품별 매출 실적

렇다면, 대답대로 가설을 검증해 봅시다.

그림 5-1에서는 상품별 XX년도 매출 실적을 그래프로 만들었습니다. **그렇다면, 이 그래프의 문제점은 무엇일까요?** '상품 B가 아닐까요'라는 목소리가 들릴 것만 같습니다. 모든 상품(여기에서는 A~E) 중에서 상품 B의 매출 실적액이 가장 낮은 것은 사실입니다. 하지만, 상품 B가 지금 드러난 문제를 일으킨 주범이라고 못 박아 버리는 것이 정답일까요?

## 최적의 정보를 얻기 위한 데이터 해석

이 장에서는 데이터를 적절하게 다루어, 최적의 정보를 얻기 위한 중요한 두 가지 포인트를 짚어 봅니다.

**①같은 데이터라도 관점에 따라 얻을 수 있는 정보가 다르다**

애초에 문제는 매출이 낮다가 아니라 매출이 감소하고 있다였습니다. 즉, 금액의 높고 낮음은 우리가 맞닥뜨린 문제와는 직접적으로 관계가 없습니다. 오히려, 줄어들고 있는지, 그리고 어떻게 줄어들고 있는지가 지금의 문제와 직결되는 부분입니다.

그렇다면, '높거나 낮거나'가 아닌, '어떻게 줄어들고 있는가?'를 알아야 하므로 추이를 살펴봐야 합니다. 일례로, 앞서 XX년도 매출 실적 데이터를 그해의 상반기와 하반기로 나누어 월평균이 어떤 추이를 보였는지를 그래프로 나타내 보겠습니다.

그림 5-2의 그래프를 보면서 '어떤 상품이 매출 감소의 주된 요인입니까?'라는 질문을 받게 되면, 서슴없이 '상품 A입니다'라고 대답하게 될 것입니다. 상품 B는 매출이 적지만, 감소라는 관점에서 전혀 부정적인 영향을 주지 않고 있기 때문입니다. 이는

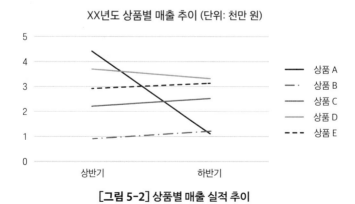

[그림 5-2] 상품별 매출 실적 추이

아주 단순한 예시이지만, 더 복잡한 문제나 상황 속에서 비슷하게 데이터를 다루다가 실수를 범한 케이스는 적지 않습니다. 이를 막기 위해서는 다음을 기억해 두는 것이 좋습니다.

목표 또는 과제에 적합한지 항상 체크한다

데이터를 다양하게 보는 방법을 항상 의식한다

두 번째의 데이터를 다양하게 보는 방법이란, 앞선 예시처럼 원래는 같은 데이터일지라도 이를 '어떻게 볼 것인가'에 따라서 발견되는 것이 다른 것을 말합니다. 단, 데이터를 보는 방법은 무한하지 않으며 대략 다음과 같은 네 가지 원칙이 있습니다.

A 값의 크기

B 비율

C 추이

D 불균형

우리는 평소에 크게 의식하지 않으면 대게는 숫자의 많고 적음에 눈길이 가버리고 맙니다. 그것이 앞선 A이며, 그림 5-1의 그래프이기도 합니다. 이번 예시에서는 결과적으로 C의 추이를 사용하는 것이 적절하였습니다만, 이 밖에도 B의 비율(퍼센티지 또는 분수)이나 D의 불균형(데이터에 포함되는 각 수치의 크고 작음의 폭)도 선택지로 존재합니다. 첨언하자면, D의 불균형은 익숙하지 않은 분들도 많을 것입니다. 이 '불균형'인 상태에서 데이터를 볼 때는 표준 편차Standard deviation[9]라는 지표나 히스토그램 Histogram[10], 상자수염그림Box-and-whisker plot[11]과 같은 그래프로 가시화하는 경우가 많습니다.

왜 일반적으로 네 가지 데이터를 보는 방법이라는 선택지가 있다는 것을 의식하는 것이 중요하냐면, 이 선택지가 있다는 것을 의식하고 있지 않으면, 눈앞에 제시된 그래프나 언뜻 사용하기 쉬운 A의 값의 크기만으로 목적과 부합하지 않는 결론을 내버리기 쉽기 때문입니다. 그러므로 꼭 데이터를 살펴볼 때는 이 네 가지 선택지를 떠올리는 것이 좋습니다.

### ② 결과를 확인하는 것이 아니라 평가한다

데이터를 사용하여 현상 파악할 때는 결과만을 보는 것이 아

---

9  역주: 관찰하는 데이터들이 평균을 기준으로 얼마나 들쭉날쭉한지를 나타내는 방법이며, 표준편차가 클수록 데이터가 더 분산되어 있음을 의미합니다.
10  역주: 도수분포표를 막대 그래프로 나타낸 것입니다. 연속되는 데이터의 분포를 시각적으로 표현하여 정보를 보다 효율적으로 전달할 수 있습니다.
11  역주: 관찰하는 수치 데이터들을 다섯 가지의 통계적인 요약 수치로 가공하여 한 눈에 알기 쉽게 표현하는 방법입니다. 주식 거래에서는 봉차트라고 부르기도 합니다.

닌, '평가'할 수 있는지를 강하게 의식할 필요가 있습니다. 그렇다면, 결과와 평가는 어떻게 다른 것인지 앞서 매출 실적의 예시를 사용하여 살펴보겠습니다.

그림 5-3은 상품 A의 매출 실적을 가시화한 것입니다만, 이 그래프에서 알 수 있는 것은 상품 A의 매출 결과입니다. 구체적으로는 30(천만 원)을 조금 넘었다는 결과를 알 수 있습니다. 단순하게 결과만을 보고하기 위한 것이라면 별다른 문제가 없겠지만, 현상이나 문제의 해상도를 올리고 이를 찾아낼 필요가 있는 경우에는 정보가 부족합니다.

여기서 필요한 정보란, '상품 A의 매출은 좋았는지, 나빴는지에 대한 **평가**입니다. 해상도를 높이기 위해서는 이 평가를 바탕으로 어디에 문제가 있으며, 만약 문제가 없다면 이대로 놔둬도 되는 것은 무엇인가와 같은 판단을 할 필요가 있습니다.

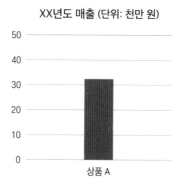

[그림 5-3] 상품 A의 매출 실적

일 잘하는 사람은 가설부터 잘 세웁니다

이러한 평가를 하기 위해서는 **비교**가 필요합니다. 무언가 비교하는 것으로 처음으로 평가를 할 수 있게 됩니다. 즉, 그림 5-3과 같은 데이터만으로는 결과를 나타낼 수는 있어도 평가할 수는 없는 것입니다. 그러한 의미에서 그림 5-1은 상품이라고 하는 실마리(기준)로 상품 간의 비교 평가가 되어 있습니다. 따라서, 매출 실적 금액의 크고 작음이라는 관점에서는 상대적으로 상품 B가 낮다는 평가를 얻을 수 있었습니다.

그림 5-2에서는 마찬가지로 상품을 기준으로 비교하면서도 데이터의 관점을 추이로 바꾸는 것으로 목적에 맞게 구체적인 문제로 포커스할 수 있게 되었습니다. 이 예시에서는 필요하지는 않았지만, 이 밖에도 각 상품을 타사의 경쟁 상품과도 제각각 실적을 비교하여, 타사와의 상대적인 경쟁력을 평가하는 것도 가능할 것입니다. 그 경우에도 금액의 크고 작음뿐만 아니라, 추이나 불균형 등을 살펴보는 것도 목적에 따라서는 유효하기도 합니다.

이러한 생각을 바탕으로 평소 여러분이 접하고 있는 그래프와 같은 것들을 다시 한번 살펴보세요. 무언가와 비교하여 '평가'까지 내려져 있나요? 또한, 데이터를 사용하는 목적이 명확하고, 목적에 적합한 데이터 및 방법론을 사용하고 있나요? 이러한 점을 제대로 인식하여 '이 현상(문제)은 객관적으로 이렇게 평가할 수 있다'는 내용을 가설 검증의 결과로 도출해 봅시다.

# 17

# 요인 가설을 데이터로 검증하려면?
## - 관계성의 시점

## 요인 가설 검증에서 확인할 점

어떤 문제에 대한 요인은 무엇인가. 그 후보를 요인 가설로 최대한 많이 예상한 다음, 이러한 가설이 올바른지 아닌지를 검증합니다. 즉, 검증하는 내용은 다음과 같습니다.

### 문제 해결인 경우:

문제와 요인(가설)과의 연결(관계성)이 있는지 없는지

### 기획 제안인 경우:

결론과 근거(가설)와의 연결(관계성)이 있는지 없는지

문제 해결의 간단한 예를 들자면, 매출이 하락하고 있다는 문제에 대하여, 아래와 같이 세 가지 요인 가설을 세웠다고 합시다 (물론 세 개는 너무 적지만, 단순화한 예시입니다).

①광고 횟수를 줄임
②인터넷의 정보 업데이트 빈도를 줄임
③입소문으로 평판 악화

이 경우에는 ①~③의 무엇인가가 매출 감소라는 문제와 관계성이 있다는 것을 객관적으로 알 수 있다면, 그 가설은 올바르다고 할 수 있습니다. 우선, 문제(결과)를 나타내는 매출과 각각의 요인 가설에 대하여 과거 24주간 동안의 움직임을 그래프로 만들어 봅시다(그림 5-4 참조).

이 예시는 간단하므로 그림 5-4 그래프를 찬찬히 들여다보는 것만으로도 매출과 관련된 요인이 무엇인지 알 수 있지만, 보다 많은 요인이나 더 복잡한 움직임을 보이는 데이터의 경우에는 그래프를 보는 것만으로는 판별하는 것이 어려울 뿐만 아니라, 사람에 따라서는 자의적인 판단을 하게 되는 리스크도 발생합니다.

이 때문에 문제(결과)와 요인 간의 관계성 유무, 또는 관계성의 정도를 가능한 정량적이고 객관적으로 분석할 필요가 있습

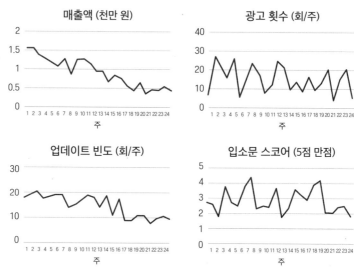

**[그림 5-4] 주간 실적 추이**

니다. 이를 가능하게 하는 분석 방법은 몇 가지가 있지만, 그중에서도 손쉽게 분석할 수 있고, 분석 결과를 타인에게 전달하면 쉽게 이해할 수 있는 것으로 추려서 소개하고자 합니다.

실제로 저 역시도 업무나 클라이언트의 문제 해결 서포트 등에서도 대부분의 케이스에서 이러한 분석 방법을 사용하고 있습니다. 알기 쉽고 사용하기 쉬우며, 결과의 유효성 측면에서도 강력하게 추천하는 방법론입니다.

일 잘하는 사람은 가설부터 잘 세웁니다

# 산포도를 활용한 관계성의 가시화

그래프의 하나인 산포도를 사용하여 결과(문제)와 요인의 관계성을 가시화하여 확인하는 방법입니다.

산포도라는 것은 그림 5-5처럼 세로축과 가로축이 각기 다른 변수(지표)를 이용하여 가로세로 두 개 축의 관계성을 그래프로 나타낸 것입니다. 이때 주의해야 할 점은 세로축에 결과(이 예시에서는 문제)를 나타낼 지표를 사용하고, 가로축에 요인을 나타내는 지표를 사용해야 합니다. 이를 거꾸로하게 되면, 사용하기 번거로워지거나, 이해하기 어려워지기도 합니다.

이 예시의 경우에는 세로축에는 문제를 나타내는 매출을, 가로축에는 각 요인을 나타내는 지표를 사용하게 됩니다.

[그림 5-5] 산포도를 사용한 관계성 가시화

그렇다면, 매출과 각 요인과의 관계성을 나타내는 산포도(그림 5-6)를 살펴봅시다.

모든 그래프에서 세로축은 매출이며, 가로축의 요인은 달라집니다. 산포도 속의 하나의 점은 특정한 주의 매출과 각 요인에 대한 결과를 나타내고 있습니다. 만약, 세로축과 가로축 사이에 관계성이 있다면, 그 관계성이 그래프를 통해 드러나게 됩니다만, 여러분은 어떠신가요.

대충 살펴보고 내린 판단으로는 그림 5-7에서 나타낸 것처럼 '업데이트 빈도'와의 사이에 (희미하게) 직선적인 관계성을 발견

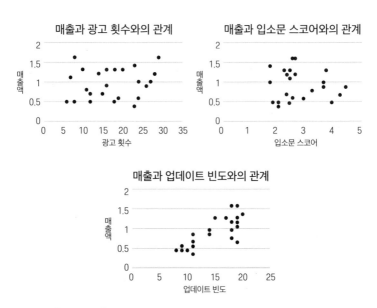

[그림 5-6] 매출과 각 요인 가설의 관계성을 나타내는 산포도

일 잘하는 사람은 가설부터 잘 세웁니다

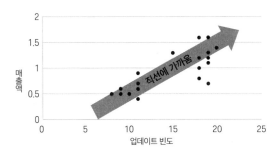

[그림 5-7] 매출과 업데이트 빈도와의 직선적 관계

할 수 있을 것 같습니다.

직선적이라는 것은 **업데이트 빈도가 높을수록 매출이 올라간다(반대도 마찬가지)**는 관계성이 있다는 것을 나타냅니다.

이 예시에서 말할 수 있는 것은 세로축인 매출이라는 결과와 가로축인 업데이트 빈도라는 요인과의 사이에 **인과 관계**가 있다고 할 수 있습니다.

일반론적으로 더욱 엄밀하게 말하자면, 그래프의 세로축은 언제나 결과, 가로축은 언제나 요인이라고 정해진 것은 아니며(반대의 케이스도 있음), 인과 관계를 결정하는 데에는 더 신중함이 필요하지만, 적어도 두 가지 사이에 '관계성'이 있다는 것은 그래프를 통하여 말할 수 있습니다.

이 예시에서는 세 가지 요인 가설 중 ② 인터넷의 정보 업데이트 빈도를 줄임이라는 가설에 대해 매출 감소의 요인으로 타당하다고 말할 수 있습니다.

# 상관 분석으로 관계성을 정량화하기

산포도에서 나타낸 결과가 직선적이라고 해도 될지 아닐지, 앞선 예시에서는 결과가 알기 쉬웠기 때문에 이 점에 대해서 다툴 가능성은 높지 않다고 생각하지만, 언제나 고민 없이 판단을 내릴 수 있다는 보장은 없습니다.

판단을 주저하게 되는 케이스에서는 산포도를 본 사람의 주관으로 직선적인지 아닌지를 판단해 버리면, 객관성이라는 데이터 분석의 목적과는 반대 방향으로 멀어진다는 문제가 있습니다.

그래서, 직선적인 관계성의 강도를 객관적인 수치로 알 수 있게 하면, 이 문제를 해소할 수 있을 것입니다. 이때 사용하는 분석 방법론의 하나로 **상관 분석**이라고 불리는 것이 있습니다.

상관相關이란, 두 가지 사안의 관계성을 의미하며, 그 관계성이 가리키는 방향에 따라, 플러스(정표)와 마이너스(부負)의 상관관계가 존재합니다. 플러스 상관이란, 한쪽의 값이 늘어나면 상관이 있는 다른 한쪽의 값도 늘어나며, 마찬가지로 한쪽이 줄면 상관이 있는 다른 한쪽도 줄어드는 것처럼 같은 방향으로 변화하는 둘의 관계성을 나타냅니다.

앞선 예시와 같이 업데이트 빈도를 줄이면, 매출이 줄어드는 관계성이라면, 증감의 방향이 같으므로 매출과 업데이트 빈도와의 사이에는 **정(플러스)의 상관관계가 있다**고 할 수 있습니다. 이때 관계성을 산포도로 확인하면, 상관관계가 있는 경우에는 우상향의 직선에 가까운 관계를 발견할 수 있습니다.

이와는 달리 한쪽이 늘어나면, 다른 한쪽은 줄어들거나, 반대로 한쪽이 줄어들면 다른 한쪽이 늘어나는 것처럼 증감이 서로 다른 방향의 관계성이 있을 때는 **부(마이너스)의 상관관계가 있다**고 할 수 있습니다. 이때의 산포도에서는 우하향의 직선에 가까운 관계를 발견할 수 있습니다.

상관 분석으로 두 가지 사안의 관계성이 플러스인지 마이너스인지, 나아가 관계성의 강한 정도를 **상관 계수**라고 불리는 −1에서 +1 사이의 수치로 나타낼 수도 있습니다.

상관 계수 값의 평가는 엄밀한 규칙으로 정해지지는 않았지만, 그림 5-8처럼 해석되는 경우가 많습니다.

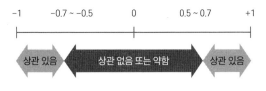

**[그림 5-8] 상관 계수 해석**

상관 계수가 −1에 가까울수록 부의 상관 또는 마이너스 상관이 강하고, 마찬가지로 상관 계수가 +1에 가까울수록 정의 상관 또는 플러스 상관이 강하다는 것을 의미합니다. 또한, 상관의 유무 판단은 부의 경우 −0.7에서 −0.5 사이의 어딘가에 선을 긋고, 이보다 낮으면 부의 상관이 있다고 간주하는 사람도 많습니다. 그리고 정의 경우에도 0.5에서 0.7 사이 어딘가에 선을 긋고, 이보다 높으면 '정의 상관이 있다'고 생각할 수 있습니다.

한편, 0.5에서 0.7이라는 수치도 엄격한 기준이 아니며, 경계선은 분석하는 사람에 따라서 조금씩 다릅니다.

그렇다면, 앞의 예시에서 언급한 세 가지 요인 가설에 대한 매출과의 상관 계수를 각각 살펴보기로 합시다.

다음의 그림 5-9의 산포도에서 보더라도 세로축과 가로축과의 사이에 관계성이 없어 보이는 두 가지 요인 가설(광고 횟수, 입소문 스코어)은 상관 계수의 절댓값도 적고, 시각적으로도 직선적인 관계성이 드러나는 업데이트 빈도에서는 상관 계수가 0.80이라는 높은 정의 상관이 있는 것을 상관 분석을 통해서 알 수 있습니다.

이러한 상관 분석은 마이크로소프트 엑셀을 사용해서 간단하게 작성할 수 있으며, 다른 분석 도구를 통해서도 가능합니다.

'상관'은 영어로 'Correlation'이라고 하며, 앞부분의 여섯 자를 딴 'CORREL'이라는 함수가 있습니다.

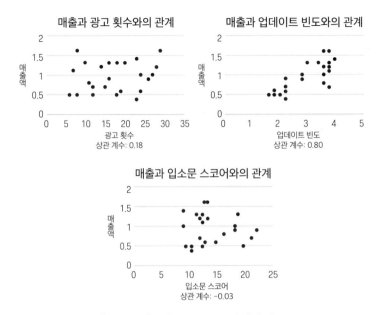

**[그림 5-9] 매출과 요인 가설의 상관 계수**

그림 5-10과 같이 '=CORREL'에 이어지는 괄호 속에 상관관계를 살펴보고 싶은 두 가지 데이터의 범위를 콤마로 구분하여 지정합니다.

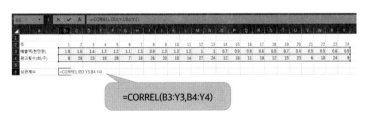

**[그림 5-10] 엑셀의 CORREL 함수 사용하기**

상관 분석은 두 가지 사안의 관계성을 직선적인지 아닌지라는 기준으로 판단하는 점, 상관 계수가 얼마부터 상관 있음이라고 판단하는지에 대한 기준이 엄격하지 않고 모호한 점이 어느 정도 있는 것이 사실입니다. 한편, 상관 분석이나 상관 계수에 대하여 이해하고 있는 사람이 많으며, 또한 설명하려는 내용을 쉽게 이해할 수 있기 때문에 검증 결과를 전달하는 상대방의 이해와 공감, 납득을 얻어내기 쉬워서 손쉽게 활용할 수 있는 강력한 분석 방법론 중 하나라고 할 수 있습니다.

일 잘하는 사람은 가설부터 잘 세웁니다

# 그룹핑 발상으로 생각하기

상관 분석은 데이터 전체의 경향이 직선적인 관계성이 있는지를 살펴보는 분석 방법론입니다. 이러한 관점에서 광고 횟수와 매출과의 관계성을 살펴보면, 그림 5-11과 같이 둘 사이의 관계성이 있다고 하기는 어렵습니다. 따라서, **요인 가설은 부정**당하게 됩니다.

만약, 모든 요인 가설에 대하여 상관 분석을 실시하였지만, 명백하게 상관이 발견되는 요인 가설(가설 아이디어)이 하나도 존재하지 않는 경우에는 손에 들고 있는 요인 가설과 상관 분석이라는 방법만으로는 어쩔 도리가 없을 것입니다.

따라서 모든 요인 가설과 결과(문제)에 상관관계가 없는 경우에는 우선 요인 가설에 부족한 점이 없는지 재검토하는 것을 추천하는데, 이때 가설 검증에 사용한 데이터가 힌트가 될 수도 있습니다. '데이터를 바탕으로 한 가설 작성은 원칙적으로 NG'라고 설명하였으나, 이는 어디까지나 다른 가설 아이디어가 더 이상 없을 경우에 도움이 될 수 있으므로 소개하도록 하겠습니다.

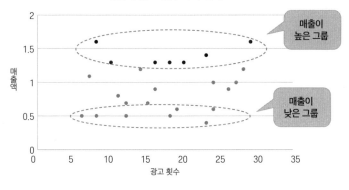

**[그림 5-11] 그룹핑의 예시**

예를 들어, 앞의 예시에서는 매출과 광고 횟수 사이에는 상관관계가 없다는 것이 확인되었기 때문에 '광고 횟수를 줄인 것이 매출 감소의 요인일 것이다'라는 가설은 부정되었습니다.

하지만, 매출과 광고 횟수의 산포도를 다시 들여다보고 있으면, 그림 5-11과 같이 매출이 높은 그룹과 낮은 그룹이 있다는 것을 눈치챌 수 있습니다. 어디까지의 데이터를 그룹에 넣을지에 대한 기준은 없기 때문에 일단, 두루뭉술하게 그룹을 나누어도 괜찮습니다.

다음으로 매출이 높은 그룹에 들어가 있는 데이터(이 예시에서는 하나의 점은 특정 주의 결괏값을 나타냅니다)의 공통점을 찾아봅시다. 여기에서는 광고 횟수가 많은 것과 적은 것이 혼재되어 있으므로 광고 횟수 이외의 공통점을 찾아봅시다.

일례로 매출이 높은 그룹에 들어가 있는 주는 같은 광고라고 하더라도 인터넷 광고 선전이라는 공통점이 판명되었다고 합시다. 한편, 매출이 낮은 그룹도 같은 관점에서 공통점을 찾아보니, 여기에서는 인터넷 광고가 아닌, 점포 광고(전단지 배포, 호객, 샘플링 등)였다는 것을 알아냈다고 합시다.

이러한 사실, 이른바 그룹 내의 공통점과 다른 그룹 간의 차이점이 명확해지면, 그 차이야말로 매출의 증감 요인이라고 말할 수 있습니다.

상관 분석에서는 모든 데이터를 사용하여 전체의 경향(관계성의 유무, 관계성의 강도)을 판정하는 것과 달리, 이 그룹핑의 생각법은 데이터의 일부를 그룹으로 묶어 주는 것으로써 그룹 내의 공통된 요소에 착목하여 요인을 규명하고 있습니다.

생각법 자체는 매우 간단하지만, 어려운 분석 방법론을 사용하지 않더라도 이러한 방법으로 다양한 것들이 판명되는 사례는 적지 않습니다.

# 18

# 데이터가 없다고
# 탄식하기 전에 생각할 점

## 데이터 활용의 장벽

지금까지 소개한 분석 방법론을 실행해 보기 위한 허들은 그다지 높지 않지만, 현장에서 자신의 과제에 응용하려고 하면, 다음과 같은 장벽을 맞닥뜨리고는 좌절하는 경우도 상당히 많습니다.

데이터만 있으면 어떻게든 할 수 있을 텐데

나에게 유리한 데이터란 없을 거야

물론 데이터가 없으면 분석이나 검증을 하지 못하지만, 이러한 데이터가 없다는 상황의 구체적인 내용에 대해서는 포기하기 전에 한번 생각해 볼 필요가 있습니다.

**일 잘하는 사람은 가설부터 잘 세웁니다**

예를 들어, 공공기관에서 많이 다루는 주제 중 하나로 'XXX라는 정책이 시민의 건강으로 연결되는가?'라는 것이 있습니다. 이 경우에는 시민의 건강이 결과(문제)이며, XXX라는 정책이 요인 가설이 됩니다.

그리고, 이 요인 가설을 데이터로 검증하려고 하면, 이내 시민의 건강이라는 데이터를 여기저기 찾아보았지만 존재하지 않으므로 검증할 수 없다는 결론에 도달하기 쉽습니다. 이는 시민의 건강이라는 말을 단어 그대로 받아들여서 데이터를 찾으려 하는 데에 문제가 있습니다. 그 대신 다음과 같이 생각을 바꾸어 봅시다.

**시민의 건강을 다른 관점으로 바라보되, 유사한 경향을 나타내는 것에는 무엇이 있을까?**

말하자면, 시민의 건강도를 나타내는 것, 건강한지 어떤지를 나타내는 것에는 어떤 것이 있을까를 스스로에게 물어보는 것입니다. 그 결과, 다음과 같은 대안을 찾아낼 수도 있을 것입니다.

- 일정 기간 동안 사용한 의료비
- 통원 횟수 / 빈도
- BMI 및 기타 건강 지표

## 유효한 데이터는 가까운 곳에 있다

이렇게 생각해 보면, 실제로 있을 것 같고, 게다가 손에 넣기 쉬운 데이터나 정보는 의외로 가까운 곳에 있기도 합니다. 그 데이터로 자신의 가설을 100% 정확하게 검증할 필요는 없습니다. 가설이 올바른지 아닌지를 알 수만 있다면, 다소 정확도가 떨어지더라도 경향이 크게 벗어나지 않았더라면 검증 목적은 달성한 것입니다.

이 밖에도 지역별 시민의 방재 의식 수준을 데이터로 검증해 보자는 사례도 있었습니다. 방재 의식에 대한 설문 조사 결과 보고서 같은 것이 있다면 좋겠지만, 쉽게 구할 수 있는 것은 아닐 것입니다. 이 사례에서는 각 지역의 방재 보험 가입률 데이터를 활용하여 높은 방재 의식의 바로미터로 삼았습니다. 저도 무척 좋은 발상이라고 생각했습니다.

이처럼 고민과 발상하기에 따라서는 데이터가 없다는 문제를 극복할 수 있는 경우도 있습니다. 이러한 점이 데이터 활용의 어려운 점이자, 재미있는 점이기도 한 것입니다.

# 19

## (방법론이나 계산 이외의 문제에서) 데이터 검증이 제대로 작동하지 않는 이유

### 가설 검증에 영향을 미치는 작업자의 심리

앞에서도 이미 다루었지만, 가설 검증 작업을 실시하는 작업자의 심리적 요소는 무시할 수 없습니다. '나의 가설이 옳다는 것을 증명한다'라는 것만이 목적이거나, 때로는 가설이 회사나 상사의 방침일 경우에는 '여러분이 맞다고 믿고 계시는 이 가설은 틀렸습니다'라고 보고해야 하는 상황의 심리적 허들은 짐작조차 할 수 없습니다. 평지풍파를 불러일으켜 귀찮은 일이 벌어지는 것보다는 지시받은 대로 가설을 증명하여 '말씀하신 대로입니다'라고 해 버리는 것이 훨씬 무난하기 때문입니다.

지금까지 소개한 크리티컬 씽킹적인 발상은 이러한 무난한 생각에 제동을 걸고, 도리어 파문을 불러일으키는 행위라고 할 수도 있습니다. 하지만, 크리티컬 씽킹을 통하여 지금까지 아무도 알아채지 못했거나, 제동을 걸지 않았던 것을 깨닫게 된다면, 오랜 기간 해결되지 못하고 방치되었던 문제점을 직면할 수 있게 되는 것입니다.

## 크리티컬 씽킹을 방해하는 심리적 장벽

남은 것은 이러한 크리티컬 씽킹을 통한 폭넓은 가설 작성에 도전하는 사람이 시간적, 조직적, 그리고 심리적인 중압감을 어디까지 견딜 수 있는지가 관건입니다. 그리고, 이러한 중압감으로 인하여 가설을 작성할 때 생각의 범위가 무의식적으로 좁혀지게 되는 것입니다.

제아무리 해야만 하고, 방법론을 알고 있다고 하더라도 맨 마지막의 심리적 장벽을 부수지 못한다면, 모든 것은 말짱 도루묵이 되고 말 것입니다.

저 역시도 함께 일하던 상사나 그 위의 임원, 대표이사로부터 '이런 문제가 있으니 어떻게든 해결하라'라는 지시를 받았을 때, 다양하고 넓은 시각으로 냉정하게 과제의 배경과 가설을 생각하고 살펴보니, '문제라고 했던 부분이 사실은 그렇지 않았다'라는 것이 객관적으로 '판명되었습니다'라고 했던 경험이 있습니다. 저는 이를 밝혀내기 위하여 끝없이 연구하고 근본적인 해결

일 잘하는 사람은 가설부터 잘 세웁니다

을 목표로 하였으나, 주변의 반응은 다양했습니다.

'쓸데없는 짓 하지 말고, 시킨 대로의 흐름으로 만들라'라든지, '당신이 의견에 대한 모든 증거를 제시해 봐', '그렇다면 회사 내 XX 부서에 대한 부담이 클 텐데' 등등, 외부에서 오는 중압감에 대처하는 것이 가설을 어떻게 세우고, 검증해야 할지 생각하는 것 이상으로 힘들었던 경험도 있습니다.

**절대적인 정답은 없습니다.**
**여러분이라면 어떻게 대처하실 건가요.**

이 책을 읽어 주신 여러분들께서는 부디 다양한 문제에 도전하는 자세와 이에 걸맞은 좋은 성과를 올리는 능력을 키워 나가기를 바랍니다.

## 마무리하며

이 책을 마지막까지 읽어 주셔서 감사합니다. 가설의 중요성이나 로직트리와 같은 단어를 들어본 적은 있지만, 이를 실천하고 활용하는 방법에 대해서는 잘 알지 못했던 분들도 많았으리라 생각합니다. 이 책을 읽고 구체적인 이미지를 떠올릴 수 있으셨나요?

사실, 이 책의 내용은 몇 년 전부터 집필할 생각을 가지고 있었습니다. 하지만, 연수나 워크숍, 수업을 통하여 설명은 할 수 있었지만, 서적이라는 형태로 정리하는 것은 오랫동안 묵혀 두었습니다. 왜냐하면, 추상적인 내용을 일반화하여 정리하기가 어려운 것은 물론이거니와, 파면 팔수록 깊이가 있는 가설 입안이라는 생각법을 어떻게 효과적으로 가시화해야 할지를 줄곧 고민해 왔기 때문입니다.

이러한 생각이 구체적으로 정리됨과 함께 많은 실천 사례(케이스)를 담아서 한 권의 책으로 펴낼 수 있게 되어 저로서는 감개무량할 따름입니다.

혹시, 이 책을 읽으신 뒤, 바로 가까운 과제에 적용하여 가설 작성을 해 보신 분이나 직장이나 주변에서 '당연하다'고 생각했던 것을 크리티컬 씽킹을 통하여 개선하신 분이 계신다면, 어떻게 느끼셨는지요?

어쩌면 많은 분들이 '이 책의 내용은 이해했지만, 실제로 해 보면 어렵다'고 생각할 수도 있을 것입니다. 제 프로그램의 수강자 대부분도 같은 반응입니다.

실제로 가설 작성을 실천한 분은 이 책에서 소개한 내용은 기억하고 이해하면, 이내 사용해서 성과를 내는 스킬과는 별개의 것이라는 점을 눈치채셨을 것입니다. 만약 그렇게 느끼셨다면, 이에 대한 제 대답은 '네, 생각하신 게 맞습니다'입니다. 아마도 이 책을 읽고 이해한 것만으로는 '높은 퀄리티'의 성과를 내는 것은 어려울 것입니다.

본인 나름의 페어 콘셉트나 생각(발상)을 확장하는 감각이나 비결을 찾아내고, 이 책의 내용을 자신만의 방법으로 실천하고 만족할 만한 결과를 얻기 위해서는 어느 정도 실전과 경험을 거쳐야만 합니다.

독자 여러분께서 이러한 실전 경험을 늘리기 위한 여정을 시작하는 준비가 이 책을 읽음으로써 마무리되어, 이제 남은 것은 정답이 없는, 정답을 만들어 나가는 여행을 나서는 것뿐입니다.

다양한 도구의 출현으로 인간이 지식을 늘리거나, 방법론을 배우는 것을 통하여 습득한 스킬의 가치는 상대적으로 떨어지고 있습니다. 한편, 이러한 지식이나 방법론을 '어떻게 사용하는가?'와 같은 스킬은 가치를 잃어버리기는커녕, 더 높은 가치를 인정받고 있습니다. 이 책의 내용도 후자에 속한다고 생각합니다. 이러한 스킬은 반복할수록 가치가 올라가므로 절대 포기하지 마시고 꾸준히 도전하시기를 바랍니다.

마지막으로 이 책을 집필하는 데 많은 도움을 주신 니혼지쓰교日本實業출판사 여러분께도 깊은 감사의 말씀을 드립니다.

이 책의 대부분은 아타미熱海나 타이페이臺北와 같은 다양한 곳에서 머물면서 집필하였습니다. 새로운 업무 환경을 실천한 것입니다. 그동안 협조해 준 부인 아키코, 아들 유우키, 딸 토모카에게도 언제나 고마울 따름입니다.

2023년 9월

카시와기 요시키

우리는 누군가로부터 어떠한 요청이나 지시를 받으면, 대개는 받은 내용의 '프레임 안'에서 생각하고 결론을 내는 경우가 종종 있습니다. 하지만, 불완전하고 충분하지 않은 정보를 바탕으로 일을 진행하면, 결과적으로 스스로도 만족하지 못하는 아웃풋으로 시간 낭비를 하고 마는 경험도 있을 것입니다.

저는 일을 잘하는 사람들과 업무상 이메일을 주고받거나, 토론을 한다거나, 기획서를 작성하다 보면 항상 느끼는 점이 있습니다.

**어떡하면 저렇게 폭이 넓으면서도 논리적이고 정교한 생각을 할 수 있을까?**

그들의 생각의 바탕에는 헤아릴 수 없는 지식과 경험이 있을 것이고, 성격에서 오는 과감함과 추진력 등 다양한 요소가 있을 수 있습니다. 하지만, 일 잘하는 사람들의 행동을 관찰하면서 알게 된 공통점은 모든 사안에 대하여, '왜?'라는 궁금증을 가지고, 습관적으로 '가설'을 세우고, 다양한 각도로 '검증'하는 버릇이 있다는 것이었습니다. 물론, 이러한 과정을 거치면서 정리된 생각은 '기발한 아이디어'와는 엄연히 다르다는 것은 말할 필요도 없을 것입니다.

어떠한 일에 대하여 일상적으로 치밀한 '가설' 입안과 객관적 '검증'을 하시는 분들에게 이 책은 그다지 매력적이지 않을 수도 있습니다. 하지만, 이러한 습관을 몸에 익히는 것을 통하여 '일'을 잘하고 싶은 분이라면 이 책에서 실마리를 찾아낼 수 있을 겁니다. 모쪼록, 실전에서 응용할 만한 다양한 케이스를 발견하시기를 기대합니다.

마지막으로 이 책이 나오기까지 부족한 저의 번역을 잘 다듬어 주시고, 정성을 쏟아 주신 처음북스 관계자 여러분들께도 고맙다는 말씀을 전합니다.

2024년 5월, 신록이 가득한 도쿄에서

박찬